LILITH E EVA

Dados Internacionais de Catalogação na Publicação (CIP)
(Câmara Brasileira do Livro, SP, Brasil)

Pires, Valéria Fabrizi
  Lilith e Eva: imagens arquetípicas da mulher na atualidade / Valéria Fabrizi Pires. São Paulo: Summus, 2008.

Bibliografia.
ISBN 978-85-323-0505-3

1. Arquétipo (Psicologia) 2. Mitologia 3. Mulheres – Psicologia I. Título.

08-07289   CDD-155.67082

Índice para catálogo sistemático:

1.   Mulheres: Arquétipos: Psicologia   155.67082

Compre em lugar de fotocopiar.
Cada real que você dá por um livro recompensa seus autores
e os convida a produzir mais sobre o tema;
incentiva seus editores a encomendar, traduzir e publicar
outras obras sobre o assunto;
e paga aos livreiros por estocar e levar até você livros
para a sua informação e o seu entretenimento.
Cada real que você dá pela fotocópia não autorizada de um livro
financia um crime
e ajuda a matar a produção intelectual em todo o mundo.

LILITH E EVA

Imagens arquetípicas
da mulher na atualidade

VALÉRIA FABRIZI PIRES

summus
editorial

LILITH E EVA
Imagens arquetípicas da mulher na atualidade
Copyright © 2008 by Valéria Fabrizi Pires
Direitos desta edição reservados por Summus Editorial

Editora executiva: **Soraia Bini Cury**
Assistentes editoriais: **Bibiana Leme e Martha Lopes**
Capa: **Gabrielly Silva**
Diagramação: **Acqua Estúdio Gráfico**
Créditos das imagens: **Lilith, 1887 (óleo sobre tela),
de John Collier (1850-1934) © Atkinson Art Gallery, Southport,
Lancashire, Reino Unido/The Bridgeman Art Library
Eva, 1507 (óleo sobre madeira),
de Albrecht Durer (1471-1528)© Prado, Madri,
Espanha/Giraudon/The Bridgeman Art Library**

1ª reimpressão, 2023

Summus Editorial
Departamento editorial:
Rua Itapicuru, 613 – 7º andar
05006-000 – São Paulo – SP
Fone: (11) 3872-3322
http://www.summus.com.br
e-mail: summus@summus.com.br

Atendimento ao consumidor:
Summus Editorial
Fone: (11) 3865-9890
Vendas por atacado:
Fone: (11) 3873-8638

e-mail: vendas@summus.com.br

Impresso no Brasil

SUMÁRIO

Prefácio 7

Introdução 9

1. Revisitando os mitos 13
2. Lilith: a Lua Negra 36
3. Eva e a serpente 51
4. A fala das mulheres 69

Conclusão 127

Bibliografia 131

PREFÁCIO

Muito se tem falado sobre a complexa questão do papel que as mulheres vêm desempenhando no mundo contemporâneo. Comportamentos aparentemente modernos, opiniões afirmativas e até agressivas das mulheres de hoje muitas vezes são apenas uma fachada atrás da qual escondem medos, inseguranças e fragilidades milenares, decorrentes de séculos de repressão. Não é incomum vermos mulheres inteligentes e bem-sucedidas serem destruídas por casamentos abusivos, em que o desrespeito do marido expressa acima de tudo inveja da posição alcançada pela esposa – por vezes superior à sua. Casamentos assim, com freqüência, afundam sobre o peso da traição ou dos maus-tratos; o homem tenta igualar por baixo as diferenças, as quais em geral o perturbam por estar acostumado a ter o domínio da casa e dos aspectos financeiros da família. Mulheres amarguradas embrenham-se na solidão a fim de evitar novos desapontamentos, mas o sentimento de "culpa" jogado pelo ex invade sua alma e as faz sentir que seu sucesso profissional pode ter sido a causa do "insucesso" matrimonial. Até mesmo culpam-se de ter sido inteligentes e perspicazes nos argumentos – quem sabe se fossem mais "burras", mais "delicadas" e "frágeis" não estariam ainda casadas? Ou, se solteiras, será que não teriam espantado o favorito com suas medalhas escolares?

São essas questões fundamentais que Valéria Fabrizi Pires explora neste livro, com profundidade e numa linguagem clara e acessível. Tendo por referência o estudo dos mitos e o desenvolvimento da consciência coletiva, a autora baseia-se em duas personagens arquetípicas para sua análise: Lilith e Eva.

O estudo dos mitos fornece, como aqui veremos, um referencial que extrapola o tempo e o espaço, revelando planos de desenvolvimento da consciência coletiva ao longo da história. Sob novas roupagens, repetimos padrões e comportamentos milenares sem nos dar conta. Pensamos ser modernos, porém somente uma nova estampa nos separa de nossos ancestrais quando se trata – principalmente – do relacionamento entre os gêneros.

Valéria, com maestria e didática, revela quanto ainda somos Eva à procura de Lilith, ou melhor, quanto ainda falta para a mulher desenvolver a auto-estima e uma visão mais clara de si mesma, sem submeter-se a comparações com padrões masculinos que violentam sua essência e distorcem seu caráter original.

Uma pesquisa empírica confirma e reforça suas hipóteses – de que a mulher atual, embora pense de forma moderna, no mundo íntimo ainda repete antigos comportamentos de obediência a códigos patriarcais que limitam seu desenvolvimento e suas possibilidades criativas.

Daí a importância deste livro: ele permite uma visão crítica e instrutiva sobre a relação de gêneros, possibilitando que identifiquemos nossas repetições e, com isso, nos libertemos sem medo da repressão patriarcal que tanto prejuízo tem causado ao desenvolvimento saudável da humanidade. Uma cultura de respeito e de valorização das diferenças certamente será uma cultura de paz e harmonia.

Profa. Dra. Denise Gimenez Ramos
Psicóloga clínica; doutora em Psicologia Clínica
pela Pontifícia Universidade Católica de São Paulo (PUC-SP);
professora, orientadora e coordenadora da pós-graduação em
Psicologia Clínica Junguiana da PUC-SP; professora e orientadora
da pós-graduação em Ciências da Religião da PUC-SP.

INTRODUÇÃO

Desde épocas remotas, os homens têm manipulado as mulheres para resolver seus problemas políticos, econômicos, sociais e emocionais. A elas muito tem sido negado ou proibido. Essa repressão foi oportuna para que a situação de domínio se mantivesse imutável. Como vivemos numa sociedade patriarcal, ela ainda é conveniente.

O texto seminal da cultura patriarcal pertence à sociedade do Ocidente e está no livro do Gênesis, no qual encontramos a primeira transgressão feita por uma mulher: Eva. Com base nessa personagem mítica, as mulheres são associadas a perigos e à degradação da carne, projetando-se nelas toda impureza.

Eva é a encarnação da sedução sensual, a razão da ruína do ser humano, pois foi tentada por forças demoníacas e, por sua vez, tentou o homem. Essa força negativa tem Lilith como representante, pois na tradição rabínica ela foi a primeira mulher de Adão, criada do mesmo pó que ele, mas tornou-se um ser demoníaco ao romper com o Pai.

Na tradição judaico-cristã sempre houve uma clara divisão do que era atribuído ao homem e à mulher. Essa visão vem sendo reforçada há mais de dois mil anos e relaciona o princípio feminino com a natureza, a passividade, a receptividade, a geração de vida, a materialidade, a escuridão e a emotividade. Já o princípio masculino está ligado à atividade, à razão e à luz.

Atualmente, exige-se das mulheres que tenham comportamentos tradicionais e, ao mesmo tempo, que se adaptem ao cotidiano e à realidade moderna, em que devem desempenhar uma gama maior de tarefas. Elas devem manter suas antigas atribuições e desempenhar novas tarefas, o que as obriga a viver uma situação de ambigüidade. Sem os velhos padrões conhecidos e seguros, emergem nelas sentimentos permanentes de inadequação e marginalização. A crise dos modelos sociais dificulta a construção de uma identidade mais unificadora, o que gera desordem e medo.

Portanto, vivemos em uma época de transformações intensas, em que nascer mulher já não significa ter um caminho claro definido de identidade sexual. Mesmo assim, as mulheres não se desvinculam dos valores tradicionais que limitam os papéis sexuais. Para que sejam respeitadas, elas devem seguir o padrão adulto universal, produzindo, pensando, agindo e trabalhando autonomamente como os homens. Para ser amadas, devem assumir atitudes tidas como femininas, ou seja, ser frágeis, dependentes, emotivas, amorosas e inconstantes – uma exigência social dúbia e contraditória.

A maioria das mulheres ainda se identifica com algum tipo de código facilmente confundido com as polaridades do modelo tradicional de adaptação: Eva ou Lilith. A figura mítica de Eva é aceita como modelo social a ser seguido. Portanto, a mulher deve reprimir o modelo Lilith ou rejeitá-lo. Eva representa submissão, dependência, culpa, curiosidade, fraqueza, inferioridade, emotividade e maternidade. Lilith, ao contrário, é símbolo de liberdade, independência, igualdade, desejo, sensualidade, instintividade, opinião, rancor, vingança, inveja, solidão e morte.

Hoje, sabemos que a idéia de fraqueza natural da mulher – física ou psicológica – é discutível. No entanto, ambos os sexos desvalorizaram o feminino e sua dimensão mágico-mitológica; como as mulheres são muito mais identificadas com o feminino do que os homens, foram declaradas inferiores por discursos filosóficos e teológicos. Deixou-se de reconhecer, então, que cada sexo traz em si qualidades do sexo oposto. Como Jung assinalou, essa unidade entre polaridades contém traços recessivos do sexo oposto – tanto psicológica como biologicamente.

No século XX, as mulheres efetivaram algumas conquistas sociais: acesso ao mercado de trabalho, controle da natalidade, direitos políticos, direito de participação em igrejas, direitos sexuais – como amor livre, divórcio, casamento aberto e, em alguns países, direito de aborto. Porém, toda mudança gera insegurança, e esta acaba por levar muitas mulheres a abrir mão de seu desenvolvimento verdadeiro e natural em prol de segurança e dos valores já conhecidos. Isso demonstra até que ponto é difícil romper com os nós de uma educação tradicional, pautada em valores patriarcais.

A pergunta que fica, então, é: tendo em vista as características desses mitos, qual é o modelo mitológico mais reproduzido pelas mulheres atualmente – Lilith ou Eva?

Para responder a essa questão, será feita uma releitura dos dois mitos, opondo o sentido de emancipação da mulher ancorado em Lilith, à idéia de mulher submissa e dependente refletida na figura de Eva. Dessa forma, tentaremos descobrir qual das duas personagens representa melhor as características femininas presentes nas mulheres da atualidade.

O capítulo 1 analisa amplamente o significado do termo mito, por meio da visão de quatro autores com enfoques distintos: psicológico, histórico, religioso e lingüístico.

A seguir, os capítulos 2 e 3 apresentam as figuras de Lilith e Eva como polaridades míticas, representando o lado escuro e o luminoso do feminino, dentro do modelo tradicional patriarcal.

Por último, o capítulo 4 analisa a fala de dez mulheres e sua identificação com os modelos mitológicos aqui abordados. Levando em consideração essa realidade e tendo os mitos de Lilith e de Eva como referência, tentaremos verificar como a mulher atual se posiciona no mundo quanto a atuação profissional, crenças, sexualidade e afetividade.

CAPÍTULO I

REVISITANDO OS MITOS

O que são mitos?

Normalmente, pensamos em mitos como histórias tradicionais que servem para explicar fenômenos da natureza ou crenças religiosas. No entanto, eles também podem descrever ou explicar a natureza fenomenológica da psique, mediante o uso da linguagem figurada e por meio dos sonhos, possibilitando maior conhecimento do eu interior. São como espelhos que refletem nossos problemas, angústias e dramas internos.

No *Grande dicionário Larousse cultural da língua portuguesa* (1999, p. 627), encontramos esta descrição de mito:

> [...] Relato ou narrativa de origem remota de significação simbólica, que tem como personagens: deuses, seres sobrenaturais, fantasmas, entre outros. São considerados, ainda, uma narrativa de tempos fabulosos ou heróicos, lenda ou alegoria filosófica, podendo ser também a representação de fatos ou personagens reais, exagerados pela imaginação popular e tomados como modelo ou exemplo – algo que não existe na realidade, mas na fantasia.

Como nosso tema envolve dois mitos femininos, é de extrema importância que compreendamos melhor o assunto, o que faremos com base na opinião de quatro grandes mitólogos: Joseph Campbell, Junito de Souza Brandão, Mircea Eliade e Roland Barthes.

O mito segundo Joseph Campbell

Joseph Campbell considera o mito um canal por onde passam energias inesgotáveis do cosmo que se infiltram nas manifestações culturais humanas. As religiões, filosofias, artes, formas sociais do homem primitivo e histórico, descobertas fundamentais da ciência e da tecnologia e os próprios sonhos surgem do círculo básico e mágico do mito (1997b, p. 15).

A eficácia da mitologia reside no fato de seus símbolos não serem inventados, e sim produções espontâneas da psique que carregam o poder criador de sua fonte. Essas figuras simbólicas ou *imagens arquetípicas* aparecem em dois momentos na dinâmica da psique: nos sonhos, em que as formas são distorcidas pelos problemas do indivíduo, e nos mitos, em que os problemas e as soluções são apresentados diretamente a toda a humanidade. Ou seja, "o mito é o sonho público, e o sonho é o mito privado" (Campbell, 1990, p. 42).

Os ritos de passagem estão representados na figura do herói ou da heroína, que podemos comparar com o homem ou a mulher que conseguiu vencer suas limitações e alcançou um resultado humano. Por isso, a figura do herói é uma fonte inesgotável em que o ser humano pode buscar inspiração para retornar renovado ao seu meio e ensinar o que aprendeu. Essa tarefa de autodescoberta é árdua e perigosa, mas possibilita uma vida rica.

A jornada do herói começa por um chamado de aventura ou uma crise pessoal, cujo mistério, ritual ou momento de passagem, ao ser completado, equivale a uma morte seguida de um nascimento. Esse *despertar do eu* possibilita ao indivíduo cruzar o horizonte familiar, deixando para trás velhos conceitos, ideais e padrões emocionais e atingindo um novo limiar.

A recusa do chamado (Campbell, 1997b, p. 67) – que acontece com maior freqüência na vida real do que nos mitos e contos – converte a aventura em sua contraparte negativa, pois o indivíduo perde o poder de ação e transforma-se em vítima a ser salva. Portanto, toda fixação representa um ego infantil que não foi abandonado e está aprisionado a relacionamentos ideais e emoções conhecidas. O pai e a mãe, nesse caso, são as vias de acesso que atemorizam o indivíduo com a punição, impedindo assim seu nascimento no mundo exterior.

Quanto ao herói que seguiu o chamado, seu primeiro encontro é com uma figura protetora – ancião, fada ou anjo, por exemplo –, que fornece amuletos ou pistas para protegê-lo das forças malignas. Esse agente de proteção e orientação reúne as ambigüidades do inconsciente do herói, que sabe do perigo de seguir esse guia. Porém, trata-se de um risco necessário em sua jornada.

Essa aventura é uma passagem que separa o conhecido do desconhecido. Forças perigosas atuam nela, envolvendo riscos que, com coragem e competência, podem ser enfrentados, fazendo que o perigo desapareça. Ao terminar a jornada, o herói retorna transformado por suas vitórias, trazendo consigo os símbolos da sabedoria que conquistou e que divide com a comunidade, para a renovação do mundo. Há, portanto, uma expansão da consciência.

Como os mitos fornecem modelos de vida, devem ser adaptados ao tempo em que se vive. Acontece, porém, que o mundo de hoje muda rapidamente, e a religião antiga não se harmoniza com as necessidades atuais. Assim, é abandonada pelos jovens que não têm fé e que se voltam para dentro de si. Portanto, a única maneira de conservar uma velha tradição é renová-la, em função da época em que se vive.

Hoje, precisamos de mitos que identifiquem o homem e a mulher não com seu grupo social, mas com o planeta, numa tentativa de agir de acordo com o interesse comum sem desconsiderar os interesses particulares de cada um. Como os mitos são metáforas da potencialidade espiritual do ser humano, ensinam que é possível se voltar para dentro de si e começar a captar a mensagem dos símbolos. Quando a metáfora para o mistério é o pai, há um conjunto de sinais diferentes do que haveria se a metáfora para a sabedoria e o mistério do mundo fosse a mãe. Ambas as metáforas são perfeitamente adequadas, mas nenhuma delas é um fato.

Assim, a função dos rituais consiste em ajudar na passagem, por exemplo, do adolescente para a vida adulta, mediante certos ritos, sacrifícios, ou provas a que é submetido. O jovem sente-se parte da comunidade ao realizar as tarefas necessárias para tornar-se diferente (Campbell, 1990, p. 12). Então, a primeira função do ritual na puberdade é inserir o indivíduo em um sistema de sentimentos adequados à sociedade em que vive e da qual dependerá sua existência.

Por isso, ao apreender os mitos de seu grupo social e participar de seus ritos, o jovem é orientado a se harmonizar com o ambiente, transformando-se em um membro bem definido e competente. Ele se encaixa e funciona em uma ordem social organizada.

Portanto, cada mitologia é uma organização de sinais culturalmente determinados, em que o símbolo mitológico opera como um sinal que evoca e direciona energia. O perigo reside nos sinais que não funcionam mais como deveriam, pois se adultera a mitologia herdada e perde-se seu senso de orientação. Assim, o indivíduo é criado para responder a um conjunto de sinais ausentes, deixando de participar das formas culturais do restante da civilização.

Segundo Campbell (1990, p. 32), basicamente os mitos apresentam quatro funções:

1. Mística ou metafísica: o mundo se abre para a dimensão e a consciência do mistério, que se encontra sob todas as formas e coisas da vida.

2. Cosmológica: demonstra qual é a forma do universo. Apesar de presente, a ciência não detém todas as respostas, pois ainda existem mistérios, como a morte e o que virá depois dela.
3. Sociológica: determina a ordem social e varia de lugar para lugar, validando determinada ordem social.
4. Psicológica: ensina a viver uma vida humana, em qualquer circunstância. Sua função é moldar os indivíduos conforme os objetivos e ideais dos diversos grupos sociais, sustentando-os desde o nascimento até a morte, por todo o curso da vida humana.

Uma mitologia viva e vital tem como material o corpo, a vida e o ambiente que se mostram mais adequados à natureza do conhecimento da época. Portanto, uma sociedade que mantém vivos os mitos será alimentada por uma fonte rica do espírito humano.

Campbell acredita que ao falarmos sobre a mitologia e seus rituais utilizamos o modo de pensar moderno para descobrir as causas do mundo, os mitos de origem explicativa e etiológica. Estes, porém, não estão ligados à análise e à descoberta científica das causas, e sim à relação entre o ser humano e seu ambiente. É como na percepção da consciência universal, da qual somos manifestações, isto é, nós e os outros somos um só.

Outros temas relacionados aos mitos são a morte e a ressurreição. Aqui, os mitos representam a morte material e o nascimento de uma vida espiritual, cujo tema de maior importância é a vida eterna. Disso surgiu o reconhecimento do indivíduo como membro de sociedade – um cidadão, oposto à idéia de sujeito ou súdito e marcado por forte consciência do caminho individual. Com isso, as pessoas passam a se considerar favorecidas, pois entram em contato direto com o absoluto e começam a interpretar figuras simbólicas próprias.

Pode-se dizer que os mitos contêm, simbolicamente, todo o saber humano. Com a evolução do homem e da mulher, passam gradativamente à consciência. Um mesmo símbolo pode referir-se a aspectos múltiplos, sendo passível de várias interpretações, uma vez que os mitos referem-se a fenômenos universais. Mas o problema do homem moderno, segundo Campbell, reside na falta de uma mitologia da vida interior, o centro de nossa existência. Essas informações, originárias dos tempos antigos – intimamente relacionadas com os temas que sustentam a vida humana, que criaram civilizações e religiões durante séculos –, têm ligação com os problemas interiores mais profundos, cheios de mistérios que precisam ser decifrados em nossa jornada.

Atualmente, as formas simbólicas – que são o esteio das civilizações, de sua ordem moral e de sua coesão e criatividade – não são mais levadas a sério. Isso passou a gerar incerteza e desequilíbrio, pois não existem mais ilusões que nos amparem nem leis morais firmes. Ou seja, não há nada seguro em que se apoiar.[1]

Enquanto para os seres humanos do período das grandes mitologias o sentido residia no grupo, atualmente acontece o oposto: o sentido está no indivíduo com capacidade de se expressar. Contudo, tal sentido é totalmente inconsciente. Não se sabe o que move as pessoas.

De acordo com Campbell, devemos esperar que seja possível, por meio da ciência, atingir tamanha compreensão sobre os mitos que, mesmo que critiquemos seus aspectos arcaicos, não invalidemos sua necessidade – pois com base neles as instituições morais da sociedade foram edificadas e sustentadas.

---

1 Segundo Campbell (1997a, p. 16-7), quando as comunidades primitivas foram desestabilizadas pela civilização do homem branco, seus velhos tabus acabaram desacreditados. Esses povos se desintegraram, tornando-se um refúgio para doenças e vícios.

No entanto, ainda que interpretemos os mitos como episódios meramente imaginados e projetados na história, é preciso ter em mente que essas figuras universais da imaginação mítica representam fatos simbolizados da mente humana. Seus símbolos tocam e liberam os mais profundos centros de motivação, afetando todas as pessoas em suas várias hierarquias socioculturais.

Para Campbell (1997a, p. 24), todos os temas e princípios fundamentais do pensamento mítico permanecem constantes e universais, não só ao longo da história como ao longo da ocupação da Terra pela humanidade.

O primeiro deles é o reconhecimento da mortalidade do ser humano e a necessidade de transcender esse fato inevitável. A durabilidade do ser humano constitui a força nuclear estruturante dos ritos na ordem social.

O segundo tema é o reconhecimento da unidade de nossa espécie como fator de diferenciação em que a morte, por exemplo, pode ser percebida de maneiras diferentes entre vários povos.

Um terceiro fator que influencia a moldagem das mitologias é a compreensão da humanidade a respeito do universo – compreensão essa que tem se alterado com o passar do tempo –, aliada ao avanço da tecnologia.

Também temos de reconhecer certas variáveis de acordo com o grande número de sistemas sociais do planeta, bem como o modo de conhecimento da natureza que vem sendo remodelado com o decorrer dos séculos.

O estudo da mitologia revela os mesmos *arquétipos* em todo o mundo. As imagens se diversificarão de acordo com a flora, a fauna, a geografia local, e assim por diante. Os mitos e os ritos recebem diferentes interpretações e aplicações racionais, criando-se diferentes costumes sociais para validá-los e impô-los. Mas as formas e as idéias arquetípicas essenciais são as mesmas. Para nosso espanto, freqüentemente são iguais.

A vida do homem ocidental moderno está direcionada para a busca da verdade, num mundo cheio de mudanças, de novos pensamentos e contínuas transformações – e não em um mundo rígido ou dotado de alguma *verdade* estabelecida e canonizada.

No entanto, à medida que vão se tornando visíveis, os novos símbolos não são idênticos nas várias partes do planeta, o que é conseqüência de variáveis como raça, tradição ou circunstâncias regionais. "Por conseguinte, é necessário que os homens entendam que, por meio desses vários símbolos, é revelada a mesma redenção. A verdade é *uma só*, dizem os Vedas, mas sábios falam dela sob muitos nomes" (Campbell, 1997a, p. 374).

O mito segundo Junito de Souza Brandão

Para Junito de Souza Brandão, a grande utilidade dos mitos está na compreensão dos caminhos que percorrem a consciência coletiva de determinada cultura em formação.

De certa maneira, podemos dizer que o mito se apresenta como um sistema que tenta explicar o mundo e o homem de forma mais ou menos coerente.

Os mitos gregos, por exemplo, só são conhecidos por meio da escrita e da arte figurada, o que os levou a perder algumas características básicas, como as variantes, que são o verdadeiro centro vital da mitologia. Além de enrijecer e fixar o mito em uma forma definitiva, a escrita o distancia das circunstâncias da narrativa e de como ela se converteria em uma ação sagrada. No entanto, existem mitos fora do mundo grego que conservaram um caráter religioso num contexto de cunho ritual. Para os antigos, a religião é a reatualização e a ritualização do mito incorporado pelo homem em sua práxis, ou seja, o rito rememora e comemora.

As alterações sofridas pelos mitos gregos não foram conseqüência apenas da ação de poetas e artistas, mas do pensamento racional dos pré-socráticos. Eles tentaram *desmitizar* ou dessacralizar o mito em nome do *logos* e da razão. O vocábulo *mito* denota uma *ficção* até hoje.

Desse modo, os mitos não foram mais compreendidos de forma literal, e sim como suposições, subentendidos ou com significações ocultas. Foram denominados "alegoria", que significa "dizer outra coisa", desviando-se do sentido original em direção a uma acepção metafórica ou figurada.

Apesar de todos esses reveses, o mito sobreviveu pelo simples fato de seus opositores pertencerem à elite pensante de filósofos, poetas e escritores, que não atingiam a massa iletrada, indiferente a tais controvérsias. Esta se agarrou cada vez mais à tradição religiosa dos mistérios de Elêusis e greco-orientais, ao oráculo de Delfos, ao culto de Dionísio, às doutrinas de salvação ou soteriologias, ao gnosticismo e ao hermetismo, bem como à magia e à bruxaria. Então, era necessário extinguir esse paganismo religioso. Decretos foram criados para fechar os templos e destruí-los, mas não foi possível eliminá-los.

O cristianismo, por exemplo, lutou bastante para se impor. Muitos fiéis foram sacrificados em arenas até que essa religião encontrou outros meios para ser aceita, sem usar de repressão ou violência: utilizou-se de significantes e símbolos da mitologia, sem, porém, alterar sua doutrina, a fim de atrair os pagãos para a "verdadeira fé".

Por esse motivo, encontramos várias semelhanças entre o culto cristão e as mitologias grega, oriental e romana. Com isso, o cristianismo acabou por salvar a mitologia, mesmo quando a dessacralizou de seu conteúdo pagão e a ressacralizou com elementos cristãos, dando-lhe valores religiosos e viventes.

O mito também é uma representação coletiva, transmitida por várias gerações. Seu relato é sobre o mundo, uma palavra que circunscreve e fixa um acontecimento, uma imagem, um gesto no espaço e no tempo.

Segundo Brandão (1986, p. 37-8), talvez seja possível definir mito por meio do conceito de Carl Gustav Jung, isto é:

> [...] como a conscientização dos arquétipos do inconsciente coletivo, quer dizer, um elo entre o consciente e o inconsciente coletivo, bem como as formas através das quais o inconsciente se manifesta. Assim, para se atingir o mito, que se expressa por símbolos, é preciso fazer uma *equivalência*, uma "con-jugação", uma "re-união", porque, se o signo é sempre menor do que o conceito que representa, o símbolo representa sempre mais do que seu significado evidente e imediato.

Para finalizar, voltemos à esfera religiosa na qual, por intermédio do rito, o homem incorpora o mito e revive todas as forças e energias de sua transcendência original. Isso possibilita a repetição do que os deuses e heróis fizeram nos primórdios e traz a ele conhecimento e compreensão da origem das coisas. O homem passa, então, a dominar e a reproduzir esses conhecimentos, recuperando o tempo sagrado e abolindo o profano.

O tempo profano é linear e cronológico, sendo por isso irreversível; apenas pode ser comemorado como uma data histórica. Já o tempo mítico é eterno, reversível e circular, e o ritual possibilita a volta ao tempo sagrado. Com esse enfoque, o homem sente-se livre, pois é capaz de abolir o passado e recriar sua vida e o mundo, ou seja, começar de novo.

O mito segundo Mircea Eliade

Atualmente, a palavra "mito" é empregada com duplo sentido: ficção ou ilusão (para o senso comum) e tradição sagrada, isto é, revelação primordial ou modelo exemplar (para os eruditos).

Para Mircea Eliade, a importância de estudar o *mito vivo* é compreender sua estrutura e sua função nas sociedades tradicionais e entender melhor o pensamento humano de nossos contemporâneos.

Assim, para o autor, é indicado analisar em primeiro lugar o mito nas sociedades arcaicas e tradicionais, que, apesar das modificações sofridas no decorrer do tempo, ainda trazem consigo um estado primordial. Nessas sociedades, os mitos eram vivos e justificavam os comportamentos e as atividades humanas.

O mito é, portanto, considerado uma história sagrada e verdadeira, por se referir à realidade – como o mito da criação, o qual a existência do mundo está aí para provar, e o mito da morte, constatado pela mortalidade humana. Sua função é revelar os modelos a ser seguidos nos ritos e nas atividades mais significativas do ser humano, como casamento, alimentação, trabalho, entre outros. O mito ensina as histórias primordiais que formaram o ser humano, como este se relaciona com sua existência e seu modo de interagir com o mundo e o que isso acarreta para ambos.

Há dois tipos de mitos: o sagrado e o profano. A diferença entre eles é o fato de o mito sagrado só ser narrado em datas ou períodos específicos e apenas para iniciados. Mulheres e crianças não participam desse ato. As histórias profanas, ao contrário, podem ser contadas em qualquer lugar ou tempo, e têm como protagonistas heróis ou animais miraculosos que não pertencem ao cotidiano.

É importante ressaltar as diferenças existentes entre o ser humano primitivo e o moderno quanto à elaboração de um mito. O primeiro está ligado à história mítica de sua tribo, tendo de atualizá-la para o seu momento histórico e adaptar os personagens sobrenaturais à sua realidade atual. Já para o ser humano moderno, o resultado de seu desenvolvimento está no curso da história universal, não sendo necessário revivê-la ou conhecê-la por inteiro. Ele não precisa atualizá-la, pois os fatos ou acontecimentos são irreversíveis.

A estrutura e a função mítica podem ser encontradas em certas festas do mundo moderno, como a comemoração do Ano Novo, na qual há a necessidade de um recomeço absoluto, do início de uma nova vida, ou seja, a repetição periódica da criação, tendo como base a necessidade de atualizar desse *arquétipo* mítico.

Certos temas míticos ainda sobrevivem nas sociedades modernas, mas não são facilmente reconhecíveis, pois sofreram um longo processo de laicização e os antigos valores sagrados foram revalorizados de forma profana. Pode-se também afirmar que uma sociedade não consegue se libertar totalmente do mito, observando-se certos comportamentos com conotações míticas, como a repetição e o modelo exemplar, que são inerentes à condição humana.

Atualmente é possível reconhecer certas atividades que desempenham a mesma função do mito nas sociedades arcaicas, como a instrução, a educação e a cultura, com seus modelos exemplares. Porém, essa imitação dos modelos não se encontra única e exclusivamente na cultura escolástica, mas também nos heróis apresentados como personagens dos romances de aventuras – heróis de guerra no cinema, com suas glórias, por exemplo. Esse tipo de mitologia cresce mediante a descoberta dos modelos exemplares, lançados pela moda que suscita nas pessoas a necessidade de parecer com eles, imitando-os. Toda essa imitação dos modelos denota certa frustração ou desprazer do ser humano com sua história pessoal. O indivíduo tende, então, a transcender o seu tempo atual para um tempo mítico, como o do paraíso perdido, sem leis, podendo até mesmo participar de um tempo glorioso, primordial e total. Não existe para ele o passado nem a consciência do tempo ao sair do seu ritmo e viver outras histórias.

Portanto, ao viver o mito, o indivíduo deixa-se impregnar pela atmosfera e pelo poder do sagrado, por meio dos entes sobrenaturais, dos deuses e dos heróis, passando da experiência cotidiana para uma experiência religiosa. Ao evocar a presença desses personagens míticos, o indivíduo torna-se parte do mito e deixa de viver em um tempo cronológico para viver em um tempo primordial. E, ao reviver esse tempo, passa a reintegrá-lo e a reaprender suas lições.

Essa fuga do tempo cronológico está ligada à angústia do homem moderno, que tem plena consciência de sua trajetória para a morte e o nada. O mundo físico, tal como a experiência humana, é constituído pela temporalidade e, por isso, não é absoluto – depende do tempo, que cria e destrói o mundo e suas experiências, sendo, assim, ilusório e passageiro.

Em outras culturas e religiões, a morte é uma passagem para um novo nível de existência, consiste num rito de iniciação, de renascimento ou ressurreição. Isso tudo perdeu sentido no mundo moderno, porque a morte não tem mais sentido religioso. Passou a ser assimilada pelo vazio e pelo nada, pois falta ao homem moderno a fé, o que o paralisa diante do desconhecido.

Já para o povo primitivo, essa terrível experiência é o grande teste iniciatório, que pode ser feita por intermédio de um ritual ou uma prova. Ela é necessária para a ressurreição de um novo modo de ser, e faz que a pessoa retorne modificada e madura.

A importância do mito está na possibilidade que oferece ao homem de ultrapassar seus limites e condicionamentos, incitando-o a elevar-se e juntar-se a seus ancestrais.

Com base nesse princípio, entende-se a função dos rituais, que permitem ao indivíduo a rememorização, a reatualização e a possibilidade de repetir o que os deuses, os heróis e os ancestrais fizeram. Isso significa conhecer os mitos para aprender a origem do mundo e de si mesmo. Não se pode, no entanto, realizar um ritual sem reconhecer sua origem, isto é, o mito que narra como ele foi efetuado pela primeira vez.

Outro aspecto importante do mito é o retorno à origem, no início da criação, que consiste na repetição simbólica de um ritual para ter acesso a um modo superior de existência, de ordem espiritual. Portanto, somos o que somos hoje porque houve uma série de eventos essenciais no drama primordial. Como exemplo, podemos citar a queda do Paraíso para judeus e cristãos, que instituiu sua atual condição humana como seres sexuados e mortais.

Para que o homem não se esquecesse do significado central de um mito primordial, foram criadas as cerimônias religiosas. Trata-se de festas rememorativas, pois o pecado reside no fato de o homem não se lembrar de que sua existência é resultado de um ato divino anterior. Surgiram, então, certas regras de conduta e comportamento humanos interditas, que separavam o profano do sagrado e, ao ser infringidas, requeriam cerimônias expiatórias. Por esse motivo, o mito abrange o bem e o mal, tendo a função de revelar os modelos a ser seguidos, fazendo que o mundo e a existência humana passem a ter sentido.

Os mitos, no entanto, começaram a perder sua veracidade quando surgiram as interpretações racionais, com críticas sobre as aventuras e as decisões arbitrárias dos deuses, sobretudo a respeito de suas condutas imorais, caprichosas e injustas. Isso sucedeu devido à idéia cada vez mais elaborada de um Deus único e verdadeiro, que não seria imoral, injusto, vingativo ou ciumento.

Porém, tanto a religião quanto a mitologia grega, por exemplo, que foram totalmente secularizadas e desmitificadas, sobreviveram na cultura européia, graças às obras-primas, literárias ou artísticas, registradas por grandes autores. As formas pagãs da época do cristianismo, por sua vez, são encontradas na religião e na mitologia popular rural, pois não existem registros ou textos escritos que comprovem ou ilustrem esses mitos arcaicos.

Nesse sentido, a revolução criada pela escrita teve um efeito irreversível, já que um povo de tradição oral, sem nenhum documento que comprove esse mundo imaginário, é um povo sem história.

Nas sociedades modernas tem-se uma estrutura mítica. Certos romances, seus personagens e temas têm uma relação com os heróis mitológicos, como o Super-Homem. Este aparece como o herói – redentor, que combate os vilões, análogos aos deuses e monstros das mitologias tradicionais. Essa paixão moderna pelos romances sugere um desejo de entrar em contato com os mitos, mesmo dessa forma camuflada, que profana e dessacraliza. Eliade afirma que o comportamento mitológico, ainda que de forma menos evidente, faz parte do homem moderno. Este demonstra ter a necessidade de, ao ler um romance, viver um tempo transcendente ao seu tempo histórico e pessoal, mergulhando no imaginário ou recuperando um passado longínquo, a sua origem.

Atualmente, os rituais que antes diziam respeito a uma realidade interior são vistos como mera formalidade, como o casamento.

Eliade (1992, p. 148) afirma que "o mundo, hoje, é diferente do que era há cinqüenta anos. Mas a vida interior do homem é exatamente a mesma".

O autor finaliza afirmando que o mito nunca desapareceu por completo, pois se insinua por meio dos sonhos, das fantasias e nostalgias do homem e da mulher modernos.

O mito segundo Roland Barthes

O mito, na visão de Roland Barthes, é uma fala – não uma fala qualquer, mas uma linguagem que exige certas condições para se tornar mito. É necessário acentuar primeiramente que o mito é um sistema de comunicação, uma mensagem que não pode ser um objeto, um conceito ou uma idéia. É uma forma com limites históricos empregados pela sociedade, um modo de significação em que qualquer objeto do mundo pode passar de uma existência fechada a um estado oral. Portanto, se o mito é fala, tudo que for passível de discurso pode ser um mito.

Dessa maneira, alguns objetos são presos na fala mítica por determinado tempo, desaparecendo depois, e outros tomam seu lugar, tornando-se mitos. Seguramente não há mitos eternos, porque a história humana regula a vida e a morte da linguagem mítica. Sua fundamentação é histórica e não está na natureza das coisas. Como a fala mítica é uma mensagem, pode ser oral, escrita ou ter outras representações, como a fotografia, o cinema, a publicidade, o desporto, entre outras.

Daqui por diante, entenderemos por linguagem, discurso ou fala toda unidade ou síntese significativa – verbal ou visual –, de maneira que os próprios objetos poderão se tornar fala enquanto significarem algo. Essa concepção genérica da linguagem é justificada pela história da escrita: antes do alfabeto, os objetos, desenhos ou pictogramas foram falas regulares. No entanto, isso não significa que se deva tratar a fala mítica como a língua, objeto da lingüística, e sim como objeto da semiologia. Essa ciência não estuda o fato em si, mas sua significação – independentemente de seu conteúdo.

Pode-se dizer que a mitologia faz parte simultaneamente da semiologia, como ciência formal, e da ideologia, como ciência histórica. Isso significa que ela estuda *idéias em forma*. A semiologia postula uma relação entre dois termos: um significante e um significado. No plano da análise, encontramos três termos, sendo que o significante e o significado unem-se para formar um terceiro objeto: o signo. Há entre o significante, o significado e o signo implicações funcionais tão estreitas que sua análise parece vã. Contudo, ela é fundamental para o estudo do mito como esquema semiológico. Por exemplo, na língua, há um significado que é o conceito de língua. O significante é a imagem acústica, ou seja, o som da palavra *língua*. A relação entre o conceito e a imagem acústica é o signo, que é a palavra ou a entidade concreta. Portanto, a semiologia só pode ter unidade no nível da forma, e não no do conteúdo, uma vez que seu campo é limitado à linguagem, na qual se opera a leitura ou a decifração.

Reencontramos no mito esse esquema tridimensional: o significante, o significado e o signo. Em um sistema particular, o signo é a soma de um conceito e de uma imagem; no mito, torna-se simplesmente o significante. Na fala mítica, as matérias (como língua, fotografia, pintura, rito ou objeto) reduzem-se a uma pura função significante, pois o mito vê nelas apenas uma mesma matéria-prima: sua unidade. Todas essas matérias são reduzidas na linguagem – quer na grafia literal quer na pictural –, isto é, tornam-se um conjunto de signos, um signo global.

Há dois sistemas semiológicos no mito. Um deles é o lingüístico, ou a linguagem de que o mito se apropria para construir seu sistema, a qual Barthes denomina *linguagem-objeto*. O outro é o próprio mito, chamado de *metalinguagem*, por ser uma segunda língua que fala da primeira.

A terminologia acerca do sistema mítico pode ser entendida como o significante, dividido em dois pontos de vista. O primeiro, no plano da língua, é chamado pelo autor de *sentido*; no plano do mito, é chamado de *forma*. Quanto ao significado, é denominado *conceito*; o terceiro termo, correlação dos dois primeiros no sistema da língua, é o *signo*. Este é chamado pelo autor de *significação* e tem a dupla função de designar e notificar, fazendo-se compreender e impondo-se.

Quando a forma afasta toda a riqueza de um sistema de valores, como uma história, uma geografia, uma moral ou uma literatura, sua nova pobreza pede uma significação que a preencha. No entanto, a forma não suprime o sentido, somente o empobrece e o mantém disponível, sendo possível convocar ou afastar sua riqueza submissa numa espécie de alternância rápida. O que importa nesse jogo é que a forma pode retornar àquilo que a alimenta, e é isso que define o mito.

Já o conceito é determinado ao mesmo tempo pela história e pela intencionalidade, restabelecendo uma cadeia de causas e efeitos, de motivações e intenções – de modo nenhum é abstrato, e sim pleno de uma situação. No conceito mítico, o saber contido no mito é confuso, formado por associações ilimitadas e, portanto, de caráter aberto, mas não de essência abstrata. É uma condensação informe, instável, nebulosa. Sua unidade e coerência estão ligadas à função, e ele tem a qualidade de se adequar a uma tendência ou situação.

Assim, o conceito mítico tem à sua disposição uma massa ilimitada de significantes, porém quantitativamente é bem mais pobre do que o significante, fazendo apenas uma representação deste. Desse modo, a forma e o conceito situam-se em proporção inversa, e a pobreza qualitativa da forma constitui uma riqueza do conceito aberto à história. Entretanto, a abundância quantitativa das formas corresponde a um número pequeno de conceitos. Essa repetição do conceito, em suas várias formas, é de extrema importância para o mitólogo, possibilitando a ele decifrar o mito.

A duplicidade do significante – cuja forma no mito é vazia mas presente, cujo sentido está ausente no mito mas pleno – é o que determina os caracteres da significação. A ambigüidade constitutiva da palavra mítica faz que o mito tenha uma fala definida por sua intenção estereotipada, purificada e eternizada, acarretando para a significação duas conseqüências: a notificação e a constatação. Algo está imóvel na superfície da linguagem, sendo que o uso da significação encontra-se detrás do fato, comunicando o aspecto de uma notificação; ao mesmo tempo, o fato paralisa a intenção e provoca uma suspensão sobre si mesmo, recuperando uma generalidade.

O mito é uma fala roubada e restituída, que já não é inteiramente a mesma que se tinha retirado, pois não foi recolocada no mesmo lugar. Portanto, esse breve momento furtivo de uma falsificação constitui o aspecto impregnado da fala mítica.

O último elemento da significação é a motivação, que contém fatalmente uma parte de analogia, na medida em que é a concordância do atributo. Por isso, a motivação é essencial na duplicidade do mito, porque ele joga com a analogia do sentido e da forma, não havendo mito sem forma motivada.

Em geral, o mito atua com a ajuda de imagens pobres e incompletas, pois o sentido já se encontra pronto para uma significação. Por se tratar de um sistema ideológico puro, suas formas são motivadas pela representação do conceito, sem recobrirem sua representatividade total.

Ao ler um mito, é preciso prestar atenção na duplicidade de seu significante – podemos vê-lo como sentido ou como forma, ou então como ambos, produzindo assim três tipos diferentes de leitura. À primeira vista, há um significante vazio, uma vez que o conceito preenche a forma do mito, sem duplo sentido, num sistema simples. Em uma segunda leitura o significante é cheio, possibilitando distinguir claramente o sentido da forma; aqui, um causa ao outro uma deformação, pois destrói a significação do mito, fazendo o leitor recebê-lo como impostura. A terceira é a acomodação do significante como um todo inseparável do sentido e da forma, sendo sua significação ambígua.

A língua, que é a linguagem roubada pelo mito, oferece pouca resistência, porque contém signos que manifestam uma intenção e estão disponíveis para a utilização da vontade ou da súplica de qualquer pessoa. Como a língua, desde o início, não impõe um sentido pleno, é fácil deformá-la, pois seu conceito é abstrato, vago e presta-se a várias possibilidades. Quando o sentido é demasiado cheio, o mito captura-o por inteiro e torna seu sentido inalterável. É o caso do significante puro da matemática: sua linguagem é acabada e não possibilita interpretações ou deformações.

O mito, de acordo com Barthes (1997, p. 201), "pode atingir tudo, corromper tudo, e até mesmo o movimento que se lhe recusa; de tal forma que, quanto mais a linguagem-objeto resiste inicialmente, tanto maior é a sua prostituição final: quem resiste aqui totalmente cede aqui totalmente".

O que o mundo fornece ao mito é um real histórico, definido pelo homem que o produziu e utilizou, sendo remontado pelo mito por meio de uma imagem nascida do real. Esse real ajusta-se à linguagem como uma relação dialética de atividades, de atos humanos que saem do mito harmoniosamente como essências. A função do mito é esvaziar o real, pois sua palavra é despolitizada no sentido das relações humanas em sua estrutura real e social. Ao fabricar o mundo falando sobre as coisas como algo natural, óbvio, eterno, o mito acaba por abolir a complexidade dos atos humanos.

Para Barthes, o mito é sempre metalinguagem. Esta não estabelece uma relação de verdade com o homem, que a utiliza conforme suas necessidades, criando assim vagos esquemas míticos. Segundo o autor, as principais figuras de retórica do mito são a *identificação*, a *vacina* e a *privação da história*.

A identificação explica que um homem que não consegue imaginar o outro ignora-o, nega-o ou transforma-o nele mesmo. O outro se torna objeto, fantoche ou algo exótico, que não atenta mais contra a sua segurança.

A *vacina* consiste em confessar o mal acidental de uma instituição de classe para melhor mascarar seu mal de princípio. Com isso, reconhecem-se algumas subversões, como o irracional infantil, e vive-se de forma compensatória em todas as sociedades.

Na figura da privação da história, o mito priva o objeto que fala de toda a história, preparada e à disposição para ser usada. Sendo a eternidade a origem da história, desde sempre, o homem isenta-se de suas responsabilidades.

Para finalizar, Barthes faz uma análise do próprio mitólogo. Este encontra algumas dificuldades, como o método de que se utiliza e o sentimento que vivencia – mesmo com seus erros, ele se sente justificado pela própria mitologia, pois ela está de acordo com o mundo, criando-o. Sua linguagem é uma metalinguagem que não age, mas revela, e para alguém específico. Portanto, ao fazer evaporar o real que tenta proteger, o mitólogo arrisca-se continuamente, estando condenado à metalinguagem.

Considerações finais

Após essas reflexões sobre os mitos, podemos afirmar que eles são fontes de imagens, símbolos de representação ou ação, que têm a propriedade de expressar os fenômenos da psique e também a de representar a cultura em que se inserem. São o princípio organizador da relação do homem com a realidade e consigo mesmo, cujo significado pode ser compreendido pela consciência. No entanto, se um mito carece de compreensão consciente do indivíduo, ele se expressará de maneira drástica nas denominadas *possessões*[2] demoníacas. A pessoa passa a ser subjugada por vários sentimentos, com seus aspectos negativos, como amor, ciúme, inveja, ódio e ira. Tal fato acarreta uma distorção do real, levando o indivíduo a viver num estado patológico de medo e paranóia, tornando-o uma vítima ao fazê-lo esquecer as experiências emocionais positivas.

Não devemos esquecer que a linguagem mitológica é ambígua, pois une as polaridades em vez de dissociá-las. Ela expressa detalhes de nossa dinâmica psíquica e de sua totalidade. Por esse motivo, não há o oposto, não há o certo ou o verdadeiro, nem o bom ou o mau. Podemos então afirmar que o mito é uma linguagem roubada – como vimos em Barthes –, cuja interpretação é feita de acordo com os interesses de um sistema (neste caso, o patriarcal) ou com a visão

---

[2] Termo usado para descrever a identificação da consciência com um conteúdo ou complexo inconsciente. As formas mais comuns de possessão são a sombra e os complexos contra-sexuais, a *anima* e o *animus* (Sharp, 1997, p. 124).

de seus intérpretes. Esses aspectos serão mais bem observados nos capítulos 2 e 3, quando falarmos de Lilith e Eva como mitos escolhidos para analisar as mulheres atuais com relação a profissão, sexualidade e autonomia.

Finalizando, os mitos evocam sentimentos e imaginação, levantando certos temas que fazem parte da herança coletiva da humanidade. Eles permanecem pelo fato de haver ressonância das histórias míticas nas experiências com eles compartilhadas, como pode ser observado nas entrevistas realizadas durante a pesquisa de campo.

CAPÍTULO 2

LILITH: A LUA NEGRA

A figura arquetípica Lilith

Segundo Colonna (1980), o nome Lilith[3] deriva de *Lilitu*, dos assírio-babilônicos. Esse demônio feminino ou espírito do vento é retratado por esse povo como uma figura teriomórfica em pé, com os braços semi-abertos em ato de prece, as mãos abertas e os dedos unidos. Sua face é redonda, os olhos são grandes e o nariz reto. Tem um vago sorriso, impenetrável, severo, poderoso e inefável. Seu cabelo é formado por quatro serpentes em um círculo, que, unidas pela cabeça e pela cauda, formam uma espécie de elmo em forma cônica, típica dos toucadores assírio-babilônicos. A cabeça das serpentes fica voltada para cima, símbolo da *kundalini* emergindo completamente, assemelhando-se a Medusa. Essas serpentes também simbolizam a invasão da zona superior pelas forças inferiores. Os cabelos da deusa representam as forças energéticas. Suas asas descem dos ombros formando um leque e seus seios são amplos, como que para a função materna.

---

[3] "Espírito da noite." Em hebraico (*Layl* ou *Laylah*) significa "noite" ou "fantasma da noite". *Lil* é "noite", "tempestade" ou "vento forte". *Lilitu* é "demônio feminino" ou "espírito do vento". *Lilu* é "lótus" em babilônico. *Lulu* em sumério significa "libertinagem" (Blavatsky, 1991; Engelhard, 1997; Koltuv, 1997).

O corpo dessa Lilith é robusto e sensual perto da pélvis, mas suas pernas afinam sensivelmente nos joelhos. Então, ela perde a feminilidade e torna-se algo um tanto horrendo. No lugar dos pés vêem-se garras com unhas semelhantes às de abutres, e os tornozelos lembram a pele enrugada dos elefantes. As unhas inclinadas para baixo indicam que a energia fluente é descarregada por intermédio dos pés, localizados sobre o corpo de um animal de duas cabeças – talvez uma leoa agachada, símbolo da *Magna Mater* (Grande Mãe). Lilith às vezes aparece ladeada por dois cães, que remetem a psicopompo[4], que guia o ser humano na noite da morte, após ter sido seu companheiro no dia da vida.

Em suas mãos estão dois tentáculos que lembram o signo de libra no zodíaco, ligado à justiça, ao poder e à iniciação. Dois pássaros horríveis, cuja cabeça lembra o abutre (que remete à renovação, pois transmuta a morte em nova vida), ficam embaixo dos pés da deusa e ao lado de uma leoa agachada; parecem ter mais escamas de réptil do que penas. As corujas, associadas às forças ctonianas, à morte e às forças do inconsciente, aparecem ao lado de Lilith, e suas garras com unhas longas são semelhantes às dela. As corujas são feras vigilantes e guardiãs, cuja energia vibrante e agressiva encontra-se em imobilidade gélida.

Na tradição cabalística, segundo Chevalier (1990), Lilith é o nome da mulher criada antes de Eva, ao mesmo tempo que Adão – não de uma costela do homem, mas diretamente da terra, do mesmo pó que ele. Por esse motivo, reivindicou igualdade, não se admitiu inferior e submissa e disse a Adão: "Somos iguais". A partir daí,

---

4 "Fator psíquico que serve de intermediário entre conteúdos inconscientes e a consciência, personificado, muitas vezes, na imagem de um velho ou velha sábios e, às vezes, como um animal prestativo. Também é o guia entre o sagrado e o profano, sendo protetor e perigoso também (ambíguo)" (Sharp, 1997, p. 130).

os dois sempre discutiam. Por recusar-se a ser submissa, Lilith foi relegada à convivência com os demônios. Quando encolerizada, pronunciou o nome mágico de Deus e fugiu para começar uma carreira demoníaca, transformando-se na rainha dos demônios. Em sua revolta, declarou guerra ao Pai, não deixando desde então homens, mulheres e crianças em paz. Permaneceu como sombra e inimiga de Eva, instigando amores ilegítimos e perturbando o leito conjugal. Seu domicílio foi fixado nas profundezas do mar (o inconsciente), no lado escuro da Lua ou na serpente, veículo do pecado e da transgressão que expulsou a todos do paraíso. Mulher rejeitada ou abandonada por causa de outra, Lilith representa o ódio contra a família, os casais e os filhos.

Ela é igualmente descrita como um demônio feminino da noite, com asas, cabelos longos e pés como os da coruja. Também é identificada com a cobra tortuosa, que será aniquilada no fim dos tempos por Jeová e sua espada. Outra associação citada por Chevalier é com o tradicional vampiro, seduzindo os homens, estrangulando crianças e espalhando a morte.

Lilith é o *fauno fêmea* noturno, que tenta seduzir Adão e engendra as criaturas fantasmagóricas do deserto. É a ninfa-vampiro da curiosidade, que a seu bel-prazer arranca ou recoloca os olhos, dando aos filhos do homem o leite venenoso dos sonhos.

Na Mesopotâmia, entre os semitas, ela ficou conhecida como o demônio noturno que agarra homens e mulheres que dormem sozinhos, provocando-lhes sonhos eróticos e orgasmo noturno.

No século VIII a.C., na Síria, Lilith, o súcubo[5], a estranguladora alada, tomou o lugar de outro mito demoníaco – a bruxa assassina de crianças. Segundo Koltuv (1997), sua figura tornou-se mundial-

---

5   Do latim *succuba*, que está deitado sob; pesadelo. O *incubus* é o elemento masculino e a *succuba* é o feminino (Blavatsky, 1991).

mente conhecida por vários nomes: dama de pernas de asno; diaba raposa; sugadora de sangue; mulher devassa; estrangeira; fêmea impura; fim de toda carne; fim do dia; bruja; strega; bruxa; feiticeira; raptora e maga.

Também se associa essa figura feminina à serpente, ao cão, ao asno e à coruja – esta última por emitir sons horríveis à noite. É tida como a alma de todo ser vivo rastejante. É associada ainda à Lua Negra, à sombra do inconsciente e aos impulsos obscuros.

Além de ter sido a primeira mulher de Adão, Lilith também foi a fêmea de Leviatã, o diabo, e até mesmo a esposa do próprio Deus, durante o tempo em que Shekhina, aspecto feminino de Deus, desceu ao mundo para seguir as pegadas de seu rebanho após a destruição do templo. Então, Lilith, criada de Shekhina, subiu para tornar-se a esposa de Deus.[6]

Para Cirlot (1984), Lilith também personifica a *imago* materna, como reaparição vingadora que atua contra o filho e a esposa. Não se deve identificá-la literalmente com a figura da mãe, e sim com a idéia que se faz desta – amada e temida – durante a infância. Lilith pode surgir como a amante que foi esquecida e, em nome da imago materna, procura destruir o filho e a esposa.

O mito de Lilith

Segundo Engelhard (1997), a figura feminina Lilith está presente nas mitologias sumeriana, babilônica, assíria, cananéia, hebraica, árabe, persa e teutônica, mas é rejeitada pela cultura e pela religião tradicional e patriarcal.

---

6 Segundo Koltuv (1997), no *Zohar* está retratado o conhecido diagrama quádruplo do casamento, que forma a base de vários mitos cabalísticos a respeito das origens de Lilith. Os pares são: acima, Deus e seu aspecto feminino que nele habita, a Shekhina; abaixo, Samael, o diabo, que traz Lilith em seu interior.

O mito de Lilith, porém, pertence à tradição oral dos rabinos, que diz respeito à *Torá*, na qual se encontra o livro do Gênesis. Esses textos hebraicos, sumérios e acadianos são testemunhos de uma lenda ou mito popular que os rabis usavam como metáfora, baseada em analogias, para estabelecer uma ponte entre a origem do homem e a da mulher.

Segundo Sicuteri (1990), de acordo com o *Zohar*, obra cabalística do século XIII, Deus, no princípio, criou duas grandes luzes de mesma importância – o Sol e a Lua. Esta, no entanto, não estava à vontade com o Sol; na verdade, cada um se sentia incomodado pelo outro. Deus, então, ordena à Lua que procure o seu caminho e torne-se inferior, fazendo-a sentir-se humilhada e inferiorizada. Desde então, a Lua nunca mais teve luz própria, obtendo-a do Sol. A partir daí, quando a luz primordial foi afastada, criou-se a casca do mal (*k'Lifah*), que cresceu e produziu outra, chamada Lilith. Com o diabo (Samael), a Lua, ressentida por ter sido diminuída e enviada para as regiões inferiores, comanda a alma de todas as bestas do campo e de toda criatura viva que rasteja, ou seja, o aspecto instintivo e terreno do masculino e do feminino.

Para Koltuv (1997), segundo as versões aramaica e hebraica do *Alpha Beta* de Ben Sirá (séculos VI e VII), Deus criou a primeira mulher, Lilith, do mesmo modo como havia criado Adão. Usou, contudo, sujeira e impurezas em vez do pó da terra. Todas as vezes que eles faziam sexo, Lilith mostrava-se inconformada com o fato de ter de ficar embaixo de Adão, suportando o peso de seu corpo. Então indagava: "Por que devo deitar-me embaixo de ti? Por que devo abrir-me sob teu corpo? Por que ser dominada por ti? Eu também fui feita de pó e por isso sou tua igual". Adão, no entanto, recusava-se a inverter as posições, consciente de que existia uma *ordem* que não podia ser transgredida. Lilith deveria submeter-se a ele, pois esta era a condição do equilíbrio preestabelecido. Lilith, percebendo que seria subjugada por Adão, fez-lhe acusações e proferiu o nome mágico de Deus, fugiu e foi morar numa caverna no deserto, às margens do Mar Vermelho. Passou então a viver na promiscuidade, unindo-se a demônios lascivos e gerando, diariamente, centenas de *lilim*, ou bebês-demônios.

Segundo Koltuv (1997), logo após Lilith ter deixado Adão, este sentiu a dor do abandono. Entorpecido por um sono profundo e amedrontado pelas trevas da noite, previu o fim de todas as coisas boas. Desperto, Adão procurou por Lilith e não a encontrou. Então, suplicou ao criador que a trouxesse de volta, e o Senhor enviou três anjos para buscá-la. Ao encontrar Lilith, pediram-lhe que voltasse para junto de Adão sem demora, se não morreria. Ela, porém, respondeu que não poderia voltar, pois o próprio Deus havia ordenado que ela tomasse conta de todas as crianças recém-nascidas. Lilith prometeu aos anjos poupar toda criança recém-nascida que portasse um amuleto com seus nomes ou imagens. Os anjos aceitaram sua proposta e voltaram para o céu.

Outra versão, conforme a autora, conta que Jeová-Deus tentou salvar a situação, primeiro ordenando a Lilith que retornasse; depois, enviando ao seu encalço uma guarnição de três anjos para tentar convencê-la. Com grande fúria, ela se recusou a voltar. Lilith desafiou as criaturas das trevas: "Como posso retornar a Adão e viver como uma honesta esposa após minha permanência no Mar Vermelho?" Os três anjos, por esse motivo, condenaram-na a vagar pela Terra para sempre, e Jeová-Deus, por seu lado, iniciou uma incontrolável matança das criaturas geradas por ela. Lilith declarou então guerra ao Pai; por isso, homens, crianças, inválidos e recém-casados são as principais vítimas de sua vingança.

A partir daí, de acordo com a narrativa assíria, babilônica e hebraica, Lilith assumiu plenamente sua natureza de demônio feminino, voltando-se contra todos os homens. Conta-se, por exemplo, que Lilith surpreendia os homens durante o sono e os envolvia com toda sua fúria sexual, causando-lhes orgasmos. Ela montava sobre o peito deles e, sufocando-os – para se vingar por ter sido obrigada a ficar por baixo na relação com Adão –, conduzia a penetração abrasante. Aqueles que resistiam e não morriam ficavam exangues e acabavam adoecendo. Lilith, por esse motivo, também é identificada com o tradicional vampiro.

Outra versão diz que os anjos mataram os filhos de Lilith com Adão. Tão rude golpe transtornou-a e, por isso, ela tentou matar os filhos de Adão com sua segunda esposa, Eva. Lilith alegou ter poderes vampíricos sobre bebês, mas os anjos, para impedi-la, fizeram-na prometer que quando visse seus nomes não faria nenhum mal aos humanos. Assim, como não podia vencê-los, ela fez um trato com eles: concordou em ficar afastada de qualquer bebê protegido por um amuleto que tivesse o nome dos três anjos.

Como afirma Paiva (1990, p. 64):

> [...] Lilith tentou se matar jogando-se no Mar Vermelho depois da punição divina que dizimou seus filhos. Com remorso, os anjos propuseram um acordo [...]: Lilith teria todo o poder sobre os recém-nascidos, até oito dias depois de seu nascimento para os meninos, e até vinte dias do nascimento para as meninas. Além disso, teria um poder ilimitado sobre todas as crianças nascidas fora do casamento. Deveria, entretanto, perder seus poderes cada vez que visse sobre um amuleto a imagem dos três anjos.

Lilith também apareceu no Gilgamesh, épico babilônico de aproximadamente 2000 a.C, como uma prostituta vampira, com os seios secos, incapaz de procriar. Foi retratada como uma linda jovem com pés de coruja – indicativos de vida noctívaga –, que fugiu de casa, perto do rio Eufrates, e se estabeleceu no deserto.

Em outro texto, segundo um comentário bíblico do Beresit-Rbba (rabi Oshajjah), a primeira mulher é descrita cheia de saliva e sangue (desejo e menstruação), o que teria desagradado a Adão (Sicuteri, 1990). De modo que Jeová-Deus *tornou a criá-la uma segunda vez*. Lilith, então, veio ao mundo com os répteis e demônios ao cair da noite do sexto dia da criação, uma sexta-feira. Ela já fora criada como um demônio, representada como a rainha da noite, mãe dos súcubos.

No *Zohar Hadasch* (seção Utro, p. 20) está escrito que Samael – o tentador –, com sua mulher Lilith, tramou a sedução do primeiro casal humano. Não foi grande o trabalho que Lilith teve para corromper a virtude de Adão, por ela maculada com seu beijo; o belo arcanjo Samael fez o mesmo para desonrar Eva. E essa foi a causa da mortalidade humana.

Segundo Koltuv (1997), o *Zohar* associa repetidamente Lilith a Eva em sua pecabilidade. Por esse motivo, os homens são advertidos diversas vezes, ao encontrar uma mulher, a se precaverem contra Lilith, a sedutora.

Do mesmo modo que Lilith, Eva mantinha relações sexuais com a serpente e tornou-se também a mãe de gerações de demônios (*Zohar* III, 766). O *Talmude* (PR 100b) afirma que, entre as dez maldições conferidas a Eva, incluem-se: seus cabelos serão longos como os de Lilith, sentar-se-á como os animais ao urinar e servirá de travesseiro ao marido. A conexão entre Lilith e Eva é elucidada no mito do *Zohar*, no qual Lilith é "a Serpente, a Mulher de Devassidão que incitou e induziu Eva [...] fazendo que Eva seduzisse Adão a ter relações sexuais com ela no período em que se encontrava em sua impureza menstrual" (Koltuv, 1997, p. 90). Desse modo, é impossível conhecer a mulher ou ser uma mulher sem o encontro tanto com Lilith quanto com Eva.

Com base na descrição e na atividade de Lilith, do ponto de vista masculino, ela é tanto desejável como perigosa. Perambula à noite, molestando os homens e corrompendo-os. Sempre que encontra um homem dormindo sozinho, paira sobre ele, agarra-o e une-se a ele, despertando-lhe o desejo e dele procriando. Porém, esse demônio alado da noite não é apenas sedutor, mas também mortal, pois é identificado tanto com um súcubo quanto com um vampiro. Sua aparência é a de uma mulher sedutora, que se adorna com muitos ornamentos, como uma prostituta, e encontra-se nas encruzilhadas a fim de seduzir os homens. Portanto, na visão de Koltuv (1997), os rituais de adorno feminino estão arquetipicamente vinculados a Lilith e a seu poder de sedução essencialmente feminino.

Finalizando, podemos afirmar que a versão primitiva do mito, no qual Lilith foi feita do mesmo pó que Adão, não seria aceitável para a cultura tradicional hebraica, pois romperia com o domínio patriarcal e subverteria a ordem natural das coisas – o homem cobre a terra e esta sempre recebe a sua semente. Isso fica claro com a aliança entre Adão e Jeová, que se uniram solidariamente para estabelecer uma norma em que o princípio feminino deveria sempre submeter-se à limitação sexual e erótica imposta, aceitando-a como correta e justa.

Análise e interpretação psicológica

A exclusão da primeira mulher (Lilith) da vida de Adão é confirmada em Gênesis 2,23: "Eis, desta vez, o osso dos meus ossos e a carne da minha carne!"

Segundo Monteiro (1998), Lilith representa o aspecto sombrio do feminino – desejos e sensualidade ilícitos –, reprimido da consciência; por esse motivo, todos os seus aspectos femininos tornaram-se temíveis. Referem-se à sua humilhação, fuga e diminuição perante Adão. É associada à raiva e à vingança, na aparência de mulher sedutora e assassina. Ao ser renegada numa cultura dominada pelos valores patriarcais, é vivida como bruxa sedutora, como súcubo mortal ou mãe devoradora.

Ainda conforme Monteiro (1998, p. 34), "o feminino torna-se demoníaco[7] quando banido do consciente, mas não se afasta de nós, acabando por nos possuir de forma inconsciente. A mulher fica dominada por ódios, ambição, inveja, frustração, pressentimentos, ciúme e sentimento de insegurança".

Para Neumann (1999), essa entidade feminina nua que, como íncubo, aparece montada sobre um homem igualmente despido, que obviamente está sonhando, pertence ao âmbito dos mistérios. Trata-se de uma forma encantadora, sedutora, orgística e visionária do feminino. Possui caráter ambivalente para o ego, podendo fascinar e desintegrar a consciência. Por isso, tais aspectos são experimentados como negativos ou destrutivos.

As garras de ave são símbolo de impulsos vorazes que revolvem o entorno da deusa. Esta extasia os homens para depois levá-los à ruína.

Esse símbolo arquetípico tem um aspecto positivo, doador de vida, e um negativo, portador de morte. No caso das harpias e das

---

7 O *demoníaco* é uma força arquetípica da experiência humana. Essa força pode ser construtiva, destrutiva ou ambas, dependendo da quantidade de impulsos para expressá-la. Lilith, que necessita expressar-se em toda a sua natureza instintiva, acaba tornando-se um demônio, afirma Colonna (1980).

sereias, esses símbolos têm, igualmente, um significado positivo e um negativo. No pólo negativo do feminino, segundo Neumann, encontramos as figuras sedutoras e fascinantes do encantamento fatal, algumas das quais são deusas, como Astarte, Afrodite e Ártemis; algumas são figuras espectrais, como Lilith e Lorelei; outras referem-se a formas personalizadas de deusas originais, como Circe e Medéia. Por essa razão, elas se associam ao grupo ainda prefigurativo das ninfas, dos elfos e dos gnomos, cuja forma mais comum é a plural. Encontramos esses grupos plurais, de maneira característica, principalmente na parte inferior, sede do inconsciente, pois possuem tendência à regressão para dentro dele. Entretanto, o poder estimulante da consciência, na metade superior, compõe-se de figuras bem definidas.

De acordo com Neumann (1999), o numinoso, no entanto, desenvolve-se com base em elementos não configurados e estimuladores da consciência, onde uma única divindade se manifesta duplamente – sua manifestação inferior é negativa, e a superior, positiva.

Na visão de Engelhard (1997, p. 32),

> Lilith é essa mulher da primeira vez, que, cheia de saliva e sangue, assusta Adão. Esse sangue se relaciona ao aspecto fisiológico, vital, instintivo do ser feminino, o seu aspecto carnal, o sangue menstrual. É a sexualidade livre de tabus e proibições, que pode ser vivida mesmo durante o período menstrual. Quanto à saliva, é uma secreção erótica de caráter claramente sexual, que se extravasa no beijo profundo, essa troca espiritual vital entre os seres.

Esses mistérios de transformação da mulher são ligados ao mistério do sangue, que surge em primeiro lugar com a menstruação (*mens-lua*: mudança de lua), transformando a menina em mulher. Depois, a gravidez e o parto. E, por último, a transformação do próprio corpo – o relacionamento com o outro sofre influências, diferenciando a mulher por meio de um movimento criativo para o fortalecimento de sua identidade.

Segundo Engelhard, nos diferentes mitos sobre a *individuação* feminina há sempre o elemento surpresa e o uso da força. Como nos casos de Perséfone e Psiquê, Lilith não teve escolha, pois foi expulsa e obrigada a tomar consciência de si própria.

Como sugere a autora, Lilith, com seu desejo sexual instintivo e exacerbado, retrata o sexo como fim em si mesmo, transformando o homem em objeto para obter os próprios intentos. Essa força instintiva de Lilith pode arrebatar uma mulher inconsciente dessa vivência, tornando-a sexualmente fria, revoltada, histérica, enraivecida, fazendo-a cair em desgraça e, muitas vezes, adoecer física ou mentalmente.

Para Paiva (1990), Lilith pode estar também representada na mulher fatal da imaginação coletiva, que deixa inseguras aquelas que vivenciam o modelo Eva. Isso porque Lilith representa a outra metade, a possibilidade de experimentar o amor pleno, sexualmente vivo e ativo. Lilith também é vivenciada de maneira sombria, obrigando as pessoas a experimentar sua promiscuidade demoníaca e o prazer puro sem gestação.

Uma reflexão possível sobre a ligação de Lilith com a Lua Negra e sua conotação negativa pode ser a ausência do materno, como a ausência da lua – algo ameaçador e escuro, associado ao feminino. A Lua Negra, com seu aspecto nefasto, é símbolo do aniquilamento, das paixões infernais, das energias hostis, do vazio absoluto e do buraco negro, com seu poder assustador de atrair e absorver. A Lua Negra designa uma via perigosa, capaz de conduzir de maneira abrupta ao centro luminoso do ser e à unidade, afirmam Chevalier e Gheerbrant (1990).

Para Colonna (1980), Lilith não é caracterizada apenas por sua expressão demoníaca, infernal, mas também por um denso erotismo feminino, carnal e lunar. Sua ambivalência representa simbolicamente o feminino que se tornou ambíguo e está ligada à qualidade dilaceradora do grande feminino que extasia os homens no paraíso terrestre para depois levá-los à ruína.

Lilith é o símbolo da mãe terrível e personifica a imago materna como reaparição vingadora, que atua contra o filho e a esposa do homem. É a encarnação do espírito da mulher, um espectro noturno do medo, que incita ira e rebelião, nem sempre justificadas, nas mulheres.

Sua história está diretamente relacionada com a punição que sofreu, pelo simples fato de ter sido criada com outra substância, sendo, por isso, um objeto sexual para Adão. Lilith foi criada com sujeiras e sedimentos, o que torna implícito o tema da culpa e da escuridão, das quais a cisão da imago feminina pode ser captada – a mulher sempre será má, maldade essa associada à sexualidade. Portanto, quando Lilith manifestou toda sua sexualidade, indo contra os conceitos patriarcais, foi punida e tornou-se um demônio, uma prostituta, a companheira de satã e a rainha do submundo.

O mito de criação emerge, transformando-se numa alegoria cuja moral permite o castigo de Lilith – a mulher rebelde e, por isso, prostituta e diaba, pois pecou ao exigir independência e autodeterminação.

Adão, como o primeiro homem, não pôde aceitar a ausência de inibições e limitações sexuais nem a igualdade proposta a ele por sua primeira companheira. Se assim fosse, o sistema patriarcal estaria ameaçado por essa liberdade.

Na visão de Colonna (1980), a interpretação forjada do mito da criação teve o intuito de assegurar a Adão uma companheira adequada, ou seja, suficientemente fraca e submissa para servir de modelo para as mulheres, dentro das leis hebraicas. Além disso, foi um modo de colocar sobre a primeira mulher o peso das desgraças da criação, incorporando qualidades demoníacas à primeira esposa de Adão. Esta, ao fugir do curso da mortalidade que atingiu Adão, no momento da queda do paraíso, foi responsabilizada pelo eterno mal sobre o mundo.

O ponto central do mito, para a autora, reside no tema da discórdia, com a recusa de Lilith em se deitar para sempre embaixo de Adão. O nó do conflito encontra-se no fato de Lilith não querer aceitar o ato sexual ligado à submissão (limitação do Eros)[8], como proposto por Adão. A punição é sempre a exclusão, a privação, a desaprovação e a solidão na esfera do amor. Ainda hoje, aos olhos dos homens, essa antiga culpa existe. Com isso, Lilith transforma-se em tabu para proteger os homens e as mulheres de seus desejos sexuais secretos. Mas, ao ser desprezada, torna-se um aspecto feminino ilícito e proibido, associada a práticas sexuais ilícitas, representando a alma que fascina o homem com seus poderes perigosos.

Para Colonna (1980), tal mito reuniu a hereditariedade negativa atribuída aos instintos, porém essa natureza instintiva está presente nas fantasias e no mundo onírico do ser humano. Toda essa repressão da natureza sexual humana está representada na criação de demônios e monstros. Estes são obrigados a viver compulsivamente sua

---

8 Segundo Sharp (1997), Eros é, psicologicamente, o princípio do relacionamento. É a força que atrai como um impulso que procura não apenas a união com os outros, mas também com nossas possibilidades, e inaugura uma tendência de ir além de nós mesmos.

sexualidade e a pertencer a lugares secretos, obscuros, remotos e proibidos para a psique, na qual surgem os desejos, as loucuras e as perversões. É o caso de Lilith, que vai morar no Mar Vermelho e viver uma união monstruosa, gerando centenas de bebês-demônios por dia.

Todo esse deslocamento, que foi esquecido, negado e reprimido, retorna à consciência manifestando-se em perversões, tentações e possessões. É o caso da constelação de um arquétipo que aprisiona uma pessoa inconscientemente numa situação. Isso porque o arquétipo mexe com emoções básicas, difíceis de ser controladas, levando a uma possessão e a uma desintegração da consciência (perda do ego).

Considerações finais

Fêmea sedutora e lasciva, mulher independente que se coloca em posição de igualdade com o masculino e representa o puro instinto sensual/sexual, Lilith não parece poder ser adotada em nossa cultura – eminentemente patriarcal – como referência de identificação. Ao contrário, parece ter de permanecer na sombra, isolada e aquietada pela repressão imposta pelo social.

Por esse motivo, tal mito nos ajudou a compreender como o feminino tornou-se o significado da negação e da desvalorização, sinônimo do mal. Tudo isso será analisado no decorrer das entrevistas realizadas.

CAPÍTULO 3

EVA E A SERPENTE

A figura arquetípica Eva

Segundo Koltuv (1997), Eva vem do hebraico *tsela*, que significa "costela", "infortúnio". Para Chevalier e Gheerbrant (1990), simboliza a primeira mulher, a primeira esposa, a carne, a concupiscência, a vida e a mãe de todas as coisas, significando a sensibilidade do ser humano e seu elemento irracional. Na alquimia, conforme Blavatsky (1991), ela representa o magistério dos sábios.

Eva é considerada a primeira mulher, a primeira esposa, a mãe de todos os que vivem. Nasceu da costela de Adão e por isso é inferior a ele. Porém, foi ela quem levou Adão a cometer o pecado original, carregando a culpa pela expulsão do paraíso. Também foi culpada pelos padecimentos humanos, pois a partir daí a mulher passou a parir com dor e o homem precisou obter seu sustento por meio do próprio trabalho.

O mito de Adão e Eva foi concebido pelo judaísmo e deu origem à idéia de que Eva era pecadora, e o seu pecado era o sexo. Criou-se, então, a separação entre espírito (alma) e corpo, o que foi consagrado e levado adiante pelo cristianismo, com preconceito e rigidez de atitudes e valores em relação à mulher e ao sexo. No intuito de reforçar esses valores e assegurar sua perpetuação, Maria, apresentada pelo cristianismo como uma virgem, concebeu um filho sem pecado.

Valéria Fabrizi Pires

Essa figura feminina (Eva), que pertence à mitologia judaico-cristã, está presente no Antigo Testamento. Apresentamos, a seguir, o texto bíblico desde Gênesis 2,4 a 3,24, que contém a narrativa dessa personagem mítica (A Bíblia, 1996).

> No dia em que o SENHOR Deus fez a terra e o céu, não havia ainda sobre a terra nenhum arbusto do campo e não havia ainda germinado nenhuma erva do campo, pois o SENHOR Deus não havia feito chover sobre a terra e não havia homem para cultivar o solo; mas um fluxo subia da terra e irrigava toda a superfície do solo. O SENHOR Deus modelou o homem com o pó apanhado do solo. Ele insuflou nas suas narinas o hálito da vida, e o homem se tornou um ser vivo. O SENHOR Deus plantou um jardim em Éden, a oriente, e nele colocou o homem que havia formado. O SENHOR Deus fez germinar do solo toda árvore de aspecto atraente e bom para comer, a árvore da vida no meio do jardim e a árvore do conhecimento do que seja bom ou mau.
> [...]
> O SENHOR Deus tomou o homem e o estabeleceu no Jardim de Éden para cultivar o solo e o guardar. O SENHOR Deus prescreveu ao homem: "Poderás comer de toda árvore do jardim, mas não comerás da árvore do conhecimento do que seja bom ou mau, pois, desde o dia em que dela comeres, tua morte estará marcada".
> O SENHOR Deus disse: "Não é bom para o homem ficar sozinho. Quero fazer para ele uma ajuda que lhe seja adequada". O SENHOR Deus modelou do solo todo animal dos campos e todo pássaro do céu, que levou ao homem para ver como ele os designaria. Tudo aquilo que o homem designou tinha o nome de "ser vivo"; o homem designou pelo seu nome todo gado, todo pás-

saro do céu e todo animal dos campos, mas para si mesmo o homem não encontrou a ajuda que lhe fosse adequada. O Senhor Deus fez cair num torpor o homem, que adormeceu; tomou uma das suas costelas e voltou a fechar a carne no lugar dela. O Senhor Deus transformou a costela que tirara do homem em uma mulher e levou-a a ele. O homem exclamou: "Eis, desta vez, o osso dos meus ossos e a carne da minha carne! Ela se chamará humana, pois do humano foi tirada".

Por isso o homem deixa seu pai e sua mãe para ligar-se à sua mulher, e se tornam uma só carne.

Ambos estavam nus, o homem e sua mulher, sem sentirem vergonha um do outro.

Ora, a serpente era o mais astuto de todos os animais do campo que o Senhor Deus havia feito. Ela disse à mulher: "Deus vos disse realmente: 'Não comereis de todas as árvores do Jardim'?" A mulher respondeu à serpente: "Podemos comer do fruto das árvores do jardim, mas do fruto da árvore que está no meio do jardim Deus disse: 'Dela não comereis e não a tocareis, para não morrerdes'." A serpente disse à mulher: "Não, vossa morte não está marcada. É que Deus sabe que no dia em que dele comerdes vossos olhos se abrirão e sereis como deuses, possuindo o conhecimento do que seja bom ou mau".

A mulher viu que a árvore era boa de comer, sedutora de se olhar, preciosa para agir com clarividência. Apanhou um fruto e dele comeu, deu-o também a seu homem que estava com ela, e ele comeu. Os olhos de ambos se abriram e souberam que estavam nus. Tendo costurado folhas de figueira, fizeram tangas para si.

Entretanto ouviram a voz do Senhor Deus, que passeava no jardim ao sopro do dia. O homem e a mulher esconderam-se do

Senhor Deus no meio das árvores do jardim. O Senhor Deus chamou o homem e lhe disse: "Onde estás?" Ele respondeu: "Ouvi a tua voz no jardim, tive medo porque estava nu, e me escondi". "Quem te revelou – disse ele – que estavas nu? Comeste da árvore da qual eu te havia prescrito não comer?" O homem respondeu: "A mulher que puseste a meu lado, foi ela quem me deu do fruto da árvore, e comi".
O Senhor Deus disse à mulher: "Que fizeste?" A mulher respondeu: "A serpente me enganou, e eu comi".
O Senhor Deus disse à serpente: "Por teres feito isso, serás maldita entre todas as feras e todos os animais do campo; caminharás sobre o teu ventre e comerás pó todos os dias da tua vida. Porei hostilidade entre ti e a mulher, entre a tua descendência e a descendência dela. Esta te atingirá a cabeça e tu lhe atingirás o calcanhar".
Ele disse à mulher: "Farei com que, na gravidez, tenhas grandes sofrimentos; é com dor que hás de gerar filhos. Teu desejo te impelirá para o teu homem, e este te dominará".
Ele disse a Adão: "Por teres escutado a voz da tua mulher e comido da árvore da qual eu te havia formalmente prescrito não comer, o solo será maldito por tua causa. É com fadiga que te alimentarás dele todos os dias da tua vida; ele fará germinar para ti espinho e cardo, e tu comerás a erva do campo. No suor do teu rosto comerás o pão, até voltares ao solo, pois dele foste tirado. Sim, és pó e ao pó voltarás".
O homem deu a sua mulher o nome de Eva – Vivente – , pois foi ela a mãe de todo vivente. O Senhor Deus fez para Adão e sua mulher vestiduras de pele, com as quais os vestiu. O Senhor Deus disse: "Eis que o homem tornou-se como um de nós pelo conhecimento do que seja bom ou mau. Agora, que ele não

estenda a mão para colher também da árvore da vida, dela comer e viver para sempre!"

O SENHOR Deus o expulsou do Jardim de Éden para cultivar o solo do qual havia sido tirado. Depois de ter expulso o homem, postou os querubins a oriente do Jardim de Éden, com a chama da espada fulminante, para guardar o caminho da árvore da vida.

A influência do mito da criação segundo Elaine Pagels

Pagels (1992) investiga como surgiram os padrões tradicionais sobre o masculino e o feminino, além dos de relacionamento sexual, que são vistos como naturais e óbvios. Como isso é possível, diante das mudanças abruptas tão comuns em nosso tempo, como a homossexualidade e a bissexualidade, o divórcio, o aborto e outras atitudes sociais? Tais mudanças desafiam os valores tradicionais como referentes à própria estrutura da natureza humana?

De acordo com Pagels, as atitudes sexuais que associamos à tradição cristã se desenvolveram na cultura ocidental durante os quatro primeiros séculos da era cristã. Houve uma mudança das práticas romanas e pagãs e da tradição judaica para a tradição cristã, aceita até hoje. Com base na história da criação de Adão e Eva, e em sua utilização como ponto de partida, os pensadores daquela época chegaram a conclusões sobre as questões sexuais da natureza humana.

Na visão da autora, o mito da criação exerce enorme influência sobre a cultura ocidental, mesmo para aqueles que o consideram apenas literatura. Ele também influi sobre não-cristãos, que vivem numa cultura moldada indelevelmente por interpretações preestabelecidas.

Portanto, o mito da criação bíblica, assim como a história da criação em outras culturas, transmite valores sociais e religiosos, apresentando-os como universalmente válidos. Por exemplo, a idéia do casamento e da sexualidade para fins reprodutivos e do divórcio e da poligamia para os homens, na lei judaica, tinha como base a própria passagem do Gênesis em que Deus, após criar o homem e a mulher, ordena: "Sede fecundos e prolíficos, enchei a terra e dominai-a" (Gênesis 1,28). Podemos supor, com base nessa afirmação, que eram os homens que faziam as leis e delas se beneficiavam.

A obrigação básica e sagrada de procriação prevalecia dentre todas as obrigações conjugais. Assim, quando uma esposa fosse estéril, o casamento poderia ser invalidado, baseando-se na passagem do Gênesis em que Deus ordenou primeiramente a procriação para o casal original e, só depois, ordenou a união por meio do casamento: "O homem exclamou: 'Eis, desta vez, o osso dos meus ossos e a carne da minha carne! Ela se chamará humana, pois do humano foi tirada'. Por isso, o homem deixa seu pai e sua mãe para ligar-se à sua mulher, e se tornam uma só carne" (Gênesis 2,23-24).

Até hoje, a história de Eva é interpretada pela maioria das igrejas cristãs como prova natural da fraqueza e credulidade da mulher, definindo seu papel de se submeter calada ao marido e adaptar-se à função doméstica tradicional. Esse castigo está ligado ao pecado de Eva. Sua primeira e derradeira transgressão está na desobediência ao que Deus ordenara, mas aos olhos de outros estudiosos está no desejo sexual, pois Adão e Eva consumaram o ato sexual sem ter recebido a bênção do Pai. Daí terem coberto os órgãos genitais com as folhas ásperas da figueira, como autopunição por estarem conscientes de que o desejo sexual incitou ao pecado.

Segundo a autora, outra possível interpretação, feita por cristãos e intérpretes gnósticos, é a crença de que o ser divino reside oculto na natureza humana e fora dela. Houve também uma interpretação alegórica em que Adão e Eva eram representantes de duas características da natureza humana: Adão, feito à imagem de Deus, é a mente, o elemento racional, nobre e masculino. Já Eva é o corpo, a sensação, o elemento feminino inferior e fonte das paixões.

A queda do paraíso prova que a humanidade passou a ter consciência do bem e do mal e perdeu o contato com sua origem divina (Pagels, 1992, p. 101). Esse processo de auto-integração espiritual é o significado oculto do casamento de Adão e Eva, que une a alma à sua identidade espiritual.

Outro texto gnóstico citado por Pagels, *A realidade dos governantes*, retrata Eva como o princípio superior ou o ser espiritual, e Adão como a psique. Isso porque Eva surge de dentro de Adão, sendo uma força, uma inteligência espiritual, a alma que o acorda para a consciência de sua natureza espiritual, ainda que mal compreendida e rebaixada por isso. O texto chega a dizer que Adão, ao ser avisado por seu criador para que não ouvisse a voz dela, perdeu o contato com o espírito, até que ele tornou a lhe aparecer na forma de serpente (Pagels, 1992, p. 101-102).

Os cristãos ortodoxos quase sempre culpavam Eva pela queda, sendo sua submissão um castigo justo, mas os gnósticos a retratavam como a força espiritual feminina que desperta o espírito. Segundo Pagels, o autor valentiniano do *Evangelho de Filipe* disse, por exemplo, que a morte teve início quando Eva (o espírito) se separou de Adão (a psique), e somente se alcançarão a harmonia e a integridade interior quando o estado comum de consciência se unir (casar) com a natureza espiritual, tornando a pessoa capaz de suportar os impulsos físicos e emocionais que levam à autodestruição e ao pecado.

Pagels (1992, p. 104) cita certo gnóstico radical, que conta a história do paraíso do ponto de vista da serpente na obra *Testemunho da verdade*. A serpente é conhecedora da sabedoria divina e tenta desesperadamente abrir os olhos do casal original para a verdadeira natureza de Deus:

Pois a serpente era mais sábia que qualquer outro animal no Paraíso [...]. Mas o criador a amaldiçoou, e chamou-lhe demônio. E Ele disse: "Eis que Adão tornou-se um de nós, conhecendo o bem e o mal. [...] Para que não estenda a mão e tome também da árvore da vida, e coma, e viva eternamente [...]", e o lançou fora do Jardim do Éden. Que Deus é este que chama o mal de bem e o bem de mal?

A autora cita ainda o *Evangelho de Filipe*, que também rejeita a idéia de pares opostos para definir as categorias mentais, pois o nome das coisas no mundo é ilusório (Pagels, 1992, p. 106-7):

Luz e trevas, vida e morte, direito e esquerdo, são irmãos um do outro. São inseparáveis. Por isto, o bom não é bom, nem o mau é mau, ou a vida é vida ou a morte é morte.
A Lei era a árvore [...] pois quando [A Lei] disse "coma isto, não coma aquilo", foi o início da morte.
Quanto a nós mesmos, que cada um cave até a raiz do mal que existe dentro de si, e o arranque do seu coração totalmente. Isso poderá ser feito se nós o reconhecermos. Mas, se o ignorarmos, ele se enraizará produzindo frutos; ele nos dominará [...] é poderoso porque não o reconhecemos.

O texto aconselha ainda que cada indivíduo pratique auto-análise e procure as forças do mal (inveja, ira, luxúria, ódio) – tanto em manifestações como em intenções, palavras e atos. Então, é necessário que o indivíduo reconheça o mal que existe em si mesmo e conviva com ele.

Outros pontos de divergência importantes entre os cristãos ortodoxos e os gnósticos eram a castidade, o casamento e o livre-arbítrio. No entanto, inclusive elementos da mesma corrente entravam em conflito sobre as mesmas questões.

O exemplo mais significativo do celibato certamente está em Agostinho (teólogo do século IV), que descreveu o alívio que sentiu ao desistir da carreira, das ambições e da mulher com quem vivera, do filho que tivera com ela, como também de outro casamento arranjado com uma rica herdeira. Sua morte para o mundo, com seus costumes e tradições mundanos, trouxe-lhe a possibilidade de erguer sua vida acima do mundo, ou seja, para si mesmo e para Deus.

Já para as mulheres, o celibato proporcionava recompensas imediatas na vida terrena, pois a virgindade oferecia liberdade das amarras sociais e eventuais recompensas no céu, atendendo às ordens de Cristo: "Se queres ser perfeito, vai, vende o que possuis, dá-o aos pobres, e terás um tesouro nos céus. Depois, vem e segue-me!" (Mateus 19,21).

Mas os homens também encontraram recompensas ao se libertar do peso opressivo do governo imperial, dos costumes da época, do destino e das paixões internas.

Pagels acredita que Agostinho enfatizou a escravidão dos homens ao pecado, pois Adão, ao estabelecer sua autonomia, cometeu o pecado original, condenando a humanidade a uma doença irreparável: os impulsos sexuais. As idéias radicais de Agostinho prevaleceram e tornaram-se o centro da tradição cristã ocidental. Ele defendia a servidão humana e o autogoverno por meio do controle racional dos impulsos sexuais. Acreditava que o livre-arbítrio era apenas uma ilusão, pois a vontade humana está incorrigivelmente corrompida. Em seu livro *Confissões*, expressou sua aversão ao carnal e sua repulsa pela conduta sexual. Para ele, a grande e fatal tentação foi o desejo de autocontrole. O fruto da árvore do conhecimento do bem e do mal possibilitou ao homem a liberdade de fazer o que é ruim, não se dignando a servir a Deus. Com sua desobediência, o homem não encontrou a liberdade desejada, mas a escravidão, o sofrimento e a morte, que foram herdados pela humanidade. Agostinho também acreditava que o desejo sexual com vontade própria teve início em Adão e Eva, que ao desobedecerem a Deus sentiram pela primeira vez um movimento de rebeldia de sua carne, que não respondia ao controle da vontade, e cobriram, por esse motivo, suas partes vergonhosas. Dessa maneira, ele coloca a morte e o desejo sexual como experiências antinaturais, uma vez que são resultado do pecado original.

De acordo com Pagels, a teoria de Agostinho sobre o pecado original mostrou-se politicamente oportuna, pois convencia muitas pessoas de que o ser humano, sem exceção, precisava de um governo externo, ou seja, um Estado cristão e uma Igreja para orientá-lo. Muito tempo depois de sua morte, a influência de seus ensinamentos em todo o âmbito cristão do Ocidente ultrapassou a de qualquer outro padre da Igreja. O ponto principal desse episódio foi o fato de que a teologia de Agostinho sobre a queda do homem e da mulher trouxe um sentido para a Igreja e o Estado, por meio da extinção da idéia da liberdade humana e da incapacidade do ser humano de se autogovernar.

Pagels conclui que fica claro o porquê de cristãos ortodoxos reprimirem os ensinamentos gnósticos. Conforme suas igrejas se espalhavam pelo mundo todo, tornavam-se cada vez mais institucionalizadas. Acabaram por se reunir numa doutrina e disciplina comuns, terminando com as divergências e ditando suas regras, negando às mulheres o respeito e a participação na condução de rituais católicos.

Outra questão levantada por Pagels, surgida por conta de uma escolha errada de Adão e Eva, foi o mistério do sofrimento humano.

Durante milênios, judeus e cristãos tentaram explicar o alto preço pago pelo pecado original. O texto da Bíblia em que Deus fala à mulher prova isso (Gênesis 3,16-19).

A partir daí, a dor, a opressão, o trabalho e a morte são castigos que toda a humanidade deve receber. Aí está todo o poder dessa história arcaica, da qual os cristãos desenvolveram todo um sistema moral. Mas como é possível o ser humano ser responsável pela morte ou vencê-la pela vontade se ela está na natureza das coisas? A mortalidade faz parte da natureza humana e de todas as espécies vivas, e não é algo que possa ser escolhido.

A continuidade desses ensinamentos através dos séculos não se dá só por conta de um estado autoritário, segundo a opinião de Pagels, como se pode notar nas religiões distantes que também expressam suposições semelhantes.[9] A tradição judaica interpretou a tragédia humana do mesmo modo, quando atribuiu ao demônio Lilith a morte súbita de uma criança. A ação foi desencadeada pelos pais – infidelidade do marido ou desobediência da esposa.

Pagels pergunta: por que as pessoas aceitam essas afirmações, mesmo não pertencendo às comunidades religiosas, culpando-se pelo próprio sofrimento, ainda que essa culpa pareça não ter uma resposta racional e adequada para a dor? A questão está na impotência diante dos fatos, que gera no ser humano a pergunta "Por que eu?", mesmo sabendo que fenômenos naturais e imprevisíveis, como desastres, acidentes e doenças, podem causar a morte de qual-

---

9   Por exemplo, uma criança Hopi (tribo que vive no noroeste do estado do Arizona, nos Estados Unidos) foi picada por uma aranha venenosa enquanto brincava. O curandeiro, ao saber que o pai do menino esquecera de preparar os ornamentos rituais da Mulher Aranha, protetora da tribo, afirmou que o pai provocara a doença do filho (Pagels, 1992).

quer pessoa. Portanto, é melhor que se aceite todos os males do mundo, acatando a própria culpa que vem desde o pecado original. Mesmo aqueles que têm a falsa sensação de controlar tudo não conseguem se livrar do sentimento de culpa quando atingidos por algum mal.

Análise e interpretação psicológica

Tomemos como ponto de partida do mito a criação do primeiro homem, quando Deus fala sobre a imagem e semelhança dele (Gênesis 1,26-28).

Para Sicuteri (1990), sem dúvida nenhuma, essa é a passagem mais densa de mistério, pois remete ao conceito da androginia no indivíduo, baseado no princípio do uno que é formado por dois. Sendo o homem a imagem de Deus, trazia em si tanto o princípio masculino quanto o feminino, que depois foram separados. Aí reside o mistério supremo de Deus, inacessível ao entendimento humano e transformado em objeto de fé. Toda essa passagem faz referência à imagem das núpcias místicas, à alquimia dos contrários, à *coincidentia oppositorum* dos princípios antagônicos e complementares.

Segundo Edinger (1995), outro aspecto que retrata a unidade original é ser Eva proveniente de Adão, o que explicita o aspecto hermafrodita deste, já que de outro modo não seria possível criar uma mulher a partir dele. Como o componente feminino da psique é tido como depreciativo no sistema patriarcal e unilateral dos hebreus, e por isso não pode ser aceito, foi reduzido a uma simples costela de Adão. Portanto, a separação de Adão em componentes masculino e feminino ocorre num processo paralelo à sua separação do Éden, ou seja, na separação do homem da unidade original e em sua conseqüente alienação.

Sendo a mulher (Eva) procedente da costela de Adão, tem-se a imagem de um homem parindo a primeira mulher, o que desqualifica o caráter misterioso e sagrado do parto, privilégio do feminino. Também corresponde à fantasia apolínea da reprodução e da inferioridade feminina, quando Apolo diz: "Não é a mãe a geratriz daquilo que se diz por ela gerado, seu filho, mas somente é a nutriz do feto nela recém-semeado. Genitor é aquele que ejeta o sêmen [...]. Então pode-se ser um pai mesmo sem mãe" (Hillman, 1984, p. 193).

De acordo com Edinger, fica clara a superioridade do homem por este ser criado primeiro à imagem de Deus. Superior também em consciência, pois Eva foi extraída dele, durante seu sono profundo. E substancialmente superior porque Eva é apenas uma parte em relação ao todo. Logo, a visão apolínea evoca a depurada objetividade e clareza científica da consciência masculina, presente na tradição científica ocidental.

O tema da tentação e queda tem início com uma sensação exagerada da própria importância, que passa a ser ativa. Isso é expresso pela sedução da serpente quando esta diz a Eva que, ao comer de tal fruto, seus olhos se abririam e, com isso, passaria a ser como Deus. Portanto, tudo isso aconteceu porque Adão e Eva agiram segundo o próprio desejo de serem como Deus. Esse mito descreve o nascimento da consciência como um crime que separou o homem e a mulher de Deus e de suas unidades originais. O fruto proibido simboliza claramente a consciência, uma vez que trouxe o conhecimento do bem e do mal, a noção dos opostos. A consciência é o pecado original da arrogância, a *hybris* como a causa de todo o mal da humanidade.

Por outro lado, a serpente representa o princípio espiritual, o princípio da *gnosis* do conhecimento ou da consciência emergente. Desse modo, ela pode ser considerada boa, pois libertou o homem e a mulher das amarras de Deus, que criou o Jardim do Éden e os manteria na ignorância.

A serpente também está associada à Lua, porque vive em buracos escuros e entra na terra e em pedras, através de fendas. Vive numa região subterrânea, que para os antigos significava o submundo. Seus movimentos são secretos e misteriosos, tem sangue-frio e é inacessível ao sentimento humano. Por isso, é diretamente ligada ao submundo e às sobras dos mortos. Na fase escura, a Lua também representa o submundo e seus poderes ctônicos; nessa fase, as divindades lunares, assim como as divindades do submundo, podem surgir na forma de cobra. Hécate, por exemplo, a deusa da Lua Escura, tinha cobras no cabelo, e Istar era representada como uma cobra por estar coberta de escamas. O falo é um terceiro elemento representado por esse animal na adoração prestada à deusa Lua. Segundo Harding (1985, p. 87-8), "em mitos e também em crenças primitivas era muito comum a afirmação de que cobras se reuniam com mulheres, podendo engravidá-las".

A tentação da serpente representa a necessidade de o homem e a mulher se auto-realizarem, além de simbolizar o princípio da individuação. Portanto, o ato de comer o fruto proibido registra a passagem do estado de unicidade inconsciente com o si-mesmo para uma vida real e desperta no espaço e no tempo, ou seja, o nascimento do ego. Com isso, o ego aliena-se de suas origens e passa a pertencer ao mundo de sofrimentos, conflitos e incertezas.

Outro aspecto do mito é o fato de Adão e Eva tomarem consciência de sua nudez, o que faz que a sexualidade e os instintos em geral tornem-se tabus e objetos de vergonha. Isso representa a dualidade, a dissociação e a repressão que vêm junto com essa tomada de consciência, que é antagônica em relação ao inconsciente, pois não há consciência sem discriminação de opostos.

O pecado original, segundo Campbell, foi um ato heróico de Eva, que sacrificou o conforto passivo da obediência para obter uma consciência maior. A serpente aparece como uma benfeitora, se considerarmos a consciência melhor do que a ignorância e seu conforto. Ademais, se o paraíso fosse bom, Eva não teria comido o fruto proibido. O estado paradisíaco, quando prolongado demais, torna-se uma prisão, e o desterro já não é experimentado como coisa indesejável, mas como liberdade.

Outro elemento importante, na visão de Edinger (1995), é a árvore da vida, que contém a imortalidade em seus frutos e não foi revelada por Deus, que até demonstrou certa ansiedade com o fato de o homem ou a mulher poderem descobri-la e compartilhar de suas bênçãos. Adão e Eva eram imortais e inconscientes disso. Se antes da queda tivessem comido do fruto da árvore da imortalidade, seriam imortais e conscientes. Deus, porém, opõe-se a uma possível violação de Seu reino e instala o querubim com a espada flamejante como obstáculo. Mas é possível chegar à árvore da vida com a abertura de uma trilha na árvore do conhecimento, isto é, aceitar várias vezes a tentação da serpente e comer do fruto do conhecimento, ampliando assim a consciência e recuperando a unidade perdida.

Para Edinger (1995), o processo que nos leva a uma maior consciência gera sofrimento, dor, conflito e incerteza, e por isso relutamos em dar o passo que nos leva ao que todo esse processo envolve. Assim, a expulsão do paraíso é a saída do estado natural de inocência. A expulsão ocorre no momento em que, ao pecar, o casal primordial percebe a diferença sexual entre eles, o que dá início ao sentimento cultural da vergonha pela nudez. Em conseqüência, consuma-se a ruptura entre o divino e o humano. A condenação do homem é trabalhar a terra estéril para obter alimento, enquanto a da mulher é parir com dor e ser submissa ao homem.

Marilena Chaui (1984) afirma que perder o paraíso e tornar-se mortal, separar-se de Deus e conhecer a dor por meio do parto e do trabalho na terra estéril – ou seja, descobrir a morte, a dor, a carência – remete-nos ao sentimento de rebaixamento real. Então, os seres humanos são obrigados a descobrir o sexo como vergonha e dor futura, a necessidade de coisas novas para sobreviver, o desejo de viver com o outro, o limite e a percepção de obstáculos, bem como a mortalidade. Portanto, a finitude é a queda, e o sexo com a reprodução dos seres mortais perpetua essa finitude, a raiz de todo o mal.

Segundo Chaui (1984, p. 187):

> O sexo é o pecado original: primeiro pecado e pecado da origem. É a queda vertiginosa dos seres humanos que se descobrem separados e diferentes de Deus porque possuem corpo, nascem e morrem, isto é, não são seres infinitos nem eternos, mas finitos e mortais. O pecado original é a descoberta e a articulação, impossível de ser desfeita, entre sexo e morte. É também a descoberta da vida como pena e trabalho: trabalho da terra (para sobreviver) e trabalho do parto (para perpetuar a espécie mortal). Destruição da felicidade primordial.

Rose Marie Muraro (2000) afirma que Eva assumiu um papel secundário, pois Adão foi criado primeiro e ela veio depois, como uma mulher dócil e submissa. Como Eva não foi criada diretamente da terra, era imperfeita, e por isso estava ligada à tentação da serpente, que no matriarcado representa a sabedoria e o conhecimento. Já no patriarcado, a serpente é vista como representante da sexualidade, ou seja, o demônio que induziu o homem a comer o fruto proibido. Eva, então, tornou-se culpada pelo pecado original, pois afastou o homem de Deus, e recebeu suas maldições, como a morte e o trabalho infindável.

Por isso, o homem precisa se defender do malefício da mulher para não cometer erros e pecados, já que ela está ligada ao pecado e à inferioridade. Sua sexualidade é perigosa e contagiosa, acarretando o mal e os problemas. Portanto, a imagem cultivada, na cultura ocidental, é a da mulher casta e assexuada, expressa no mito judaico-cristão.

De acordo com Muraro (2000), no livro *O martelo das feiticeiras (Malleus Maleficarum)*, escrito no século XV, o homem tem três instâncias: a primeira, o espírito, governado por Deus; a segunda, a vontade, governada por um anjo; a terceira, o corpo, governado por uma estrela. Assim, Satanás só pode envolver o homem por meio do corpo – fonte do pecado –, principalmente pelos órgãos sexuais, que são governados pela mulher, sua cúmplice. Isso porque Eva cometeu o pecado original.

Jeová, o único Deus centralizador, dita regras rígidas de comportamento, punindo suas transgressões. Por isso, o ato sexual foi visto como culpa máxima – pecado original cometido pelos primeiros humanos. Daí a repressão da sexualidade e do prazer estar no corpo.

Mas para conhecer o bem e o mal foi necessário transgredir a Lei do Pai que proibia o prazer. O sexo é o mal, o que o torna proibido; ao transgredi-lo, o homem é culpado, mesmo que seja com finalidades procriativas. O homem, ao tomar conhecimento disso, escraviza a mulher, numa relação de dominação. O desejo da mulher será o amor, e sua paixão será seu castigo.

Há toda uma inversão de valores – parir torna a mulher inferior, o que antes era sua grandeza. Já o homem tem agora a grandeza, pois domina a natureza e o trabalho que gera o poder.

O homem domina a mulher, pois é ela quem ama. Para ele, amar é proibido porque o afasta de Deus, e a mulher perde a identidade e passa a ser o reflexo do homem, que se tornou auto-suficiente.

Segundo Muraro (2000), o Genêsis existe para manter a mulher em seu "devido lugar": a tentadora do homem, ligada à natureza, à carne, ao sexo e ao prazer.

Considerações finais

Ao contrário de Lilith, que simboliza a natureza instintiva feminina não passível de controle, a figura mítica de Eva parece atender a uma imagem melhor do feminino diante das leis de Deus – mesmo sendo ela responsável pelo pecado original. Por esse motivo, Eva pode ser vista como modelo ideal de mulher, criado por Deus para estabelecer um padrão eterno de conduta feminina. Sendo a palavra de Deus inquestionável, as qualidades percebidas como inerentes ao homem e à mulher passam a ser aceitas, até hoje, de forma natural e normal, pois vêm sendo introjetadas pela cultura ocidental há milhares de anos.

Assim, é esperado que a mulher se identifique com o modelo representado por Eva – a esposa fiel e obediente ao marido, a mulher passiva e submissa ao homem. Sua realização está no casamento, na maternidade e na vida doméstica, como poderemos verificar nas entrevistas realizadas.

Portanto, esse mito nos ajuda a entender como as mulheres se relacionam com sexo, casamento, vida social, e como isso funciona tanto no seu lado positivo como no negativo.

CAPÍTULO 4

A FALA DAS MULHERES

Quem são elas

Neste capítulo, temos as declarações de dez mulheres que ilustram os ensaios deste trabalho. Esse grupo foi escolhido por compor-se de alunas de Pedagogia, curso que foi e ainda é considerado feminino – profissão tida como oportuna para as mulheres, pois lidarão com crianças.

Metade delas tem nível superior de instrução: duas em Direito, uma em administração, outra em Medicina (Psiquiatria). Todas as entrevistadas são de classe média, residentes nos bairros paulistanos de Moema, Campo Belo, Interlagos e Vila Madalena.

À época da entrevista, nem todas trabalhavam de acordo com sua formação: cinco eram professoras; uma trabalhava como psiquiatra, outra como secretária executiva e outra era funcionária pública. Duas não tinham emprego. Na esfera religiosa, a maioria teve formação católica, mas somente três são praticantes. Entre as outras entrevistadas, duas são espíritas, uma evangélica, duas praticam simultaneamente as religiões católica e espírita, uma não tem religião definida e a outra não tem religião.

Procurou-se formar um grupo heterogêneo, com mulheres casadas e solteiras, com filhos e sem filhos: quatro são casadas e têm filhos; duas são casadas e não têm filhos; quatro são solteiras sem filhos. Entre as casadas sem filhos, uma delas está casada pela segunda vez, sem registro civil. Quase todas as outras são casadas no civil e no religioso, apenas uma é casada só no civil. A faixa etária é abrangente: 19 anos, 22 (duas), 31, 32 (duas), 42, 44, 49 e 51 anos.

A pesquisa de campo realizou-se em duas etapas: questionários e entrevistas. Na primeira etapa foram aplicados trinta questionários, na forma de perguntas fechadas e estereotipadas, baseadas no molde patriarcal sobre o feminino representado pelas figuras míticas de Lilith e Eva.

Em Lilith encontramos as características de liberdade, instintividade, desejo de igualdade, independência, vingança, rancor, força e solidão. Em Eva encontramos as características de submissão, emotividade, inferioridade, dependência, instabilidade, maternidade, fragilidade e união.

Os questionários foram distribuídos no curso de Pedagogia da Universidade Ibirapuera, em Moema, São Paulo. Participaram catorze mulheres casadas e dezesseis solteiras. A faixa etária variou entre 19 e 51 anos, sendo que vinte delas tinham entre 19 e 30 anos e dez delas entre 31 e 51 anos. Entre as solteiras, os resultados obtidos foram: 50% das entrevistadas apresentaram respostas que correspondem à figura de Lilith e 50% à de Eva.

Já as casadas dividiram-se em: 50% deram respostas correspondentes à Lilith; 28,6%, ou seja, quatro das catorze entrevistadas correspondem à Eva; e 21,5%, ou seja, três das catorze entrevistadas, deram respostas em que Lilith e Eva aparecem em porcentagem equilibrada.

Após a aplicação e análise dos questionários, foram selecionadas dez mulheres de classe média, com idades entre 19 e 51 anos. Dentre as casadas foram escolhidas duas com o maior número de respostas correspondentes à Lilith, duas à Eva e duas com respostas relativamente iguais em relação às duas figuras. Entre as solteiras, a divisão foi equilibrada: duas correspondentes à Lilith e duas à Eva.

Os dados dessa segunda parte da pesquisa foram recolhidos com base em entrevistas abertas, gravadas, com duração em torno de uma hora, transcritas e digitadas. De comum acordo com as entrevistadas, optamos por não identificá-las pelo nome, mas por um pseudônimo escolhido por elas. São: Ana Paula (19 anos, solteira), Hanna (22 anos, solteira), Lúcia (22 anos, solteira), Patrícia (31 anos, casada, dois filhos – uma menina de 10 anos e um menino de 7), Fabi (32 anos, solteira), Rosana (32 anos, casada pela segunda vez, sem filhos), Carol (42 anos, casada, dois filhos – uma menina de 11 anos e um menino de 8), Meire (44 anos, casada, duas filhas – uma de 16 anos e a outra de 12), Mariana (49 anos, casada, três filhos – um rapaz de 22 anos, outro de 20 e um de 13) e Tina (51 anos, casada, sem filhos).

As principais questões do roteiro (elaborado com o intuito de nortear as perguntas) referiam-se a: trabalho e profissão, casamento e filhos, relacionamento afetivo-sexual, vida financeira, vida social, religião e sua influência na vida pessoal. Também foram incluídas três personalidades públicas que se aproximam das personagens míticas de Lilith e Eva. Foram escolhidas *Tiazinha* e *Feiticeira*, relacionadas à figura de Lilith (pois representam a sensualidade e o sexo livre de tabus), e *Sandy*, que tem uma relação maior com a figura de Eva, por representar a submissão, a fragilidade e a esposa ideal nos moldes tradicionais.

Para o estudo das entrevistas, adotou-se o método de análise de conteúdo.

Conforme Quivy (1998, p. 227):

> O lugar ocupado pela análise de conteúdo na investigação social é cada vez maior, nomeadamente porque oferece a possibilidade de tratar de forma metódica informações e testemu-

nhos que apresentam um certo grau de profundidade e de complexidade, como por exemplo os relatórios de entrevistas pouco directivas. Melhor do que qualquer outro método de trabalho, a análise do conteúdo (ou, pelo menos, algumas das suas variantes) permite, quando incide sobre um material rico e penetrante, satisfazer harmoniosamente as exigências do rigor metodológico e da profundidade inventiva, que nem sempre são facilmente conciliáveis.

As entrevistas foram recortadas segundo os temas referidos anteriormente, a fim de verificar a presença dos estereótipos contidos nos mitos, representados pelas figuras de Lilith e Eva, na vida das mulheres.

Trabalho e profissão

Somente para duas das entrevistadas (Lúcia e Fabi) a questão principal é ter uma profissão e conseguir um trabalho que proporcione independência financeira, prazer e satisfação pessoal. Para as outras entrevistadas, a área profissional não está muito definida ainda. O fato de trabalharem em outras áreas que não a de sua formação ou de não estarem muito seguras do curso que vêm seguindo pode levar a essa indefinição. Existe também a dificuldade de conciliar trabalho e outras funções, como no caso das entrevistadas Meire e Mariana, que se sentem obrigadas a cuidar dos filhos, levá-los à escola, entre outras atividades da vida doméstica.

Há casos em que existe a necessidade de iniciar um curso superior com o objetivo de aumentar o salário ou de trabalhar com a família que já possui uma empresa ou instituição. Ou seja, dar continuidade a algo já estabelecido, e não empreender uma busca pessoal.

As que não têm emprego (Patrícia e Carol) escolheram o curso de Pedagogia por ser conveniente para seu tipo de vida e suas atividades anteriores. A profissão de pedagoga ainda é percebida como mais flexível, pois permite fazer um horário próprio e há possibilidade de trabalhar em outra área. Poucas das entrevistadas (Hanna, Lúcia e Tina) gostam de lecionar e acreditam no que fazem, sentindo-se valorizadas ao ensinar crianças.

Portanto, o problema para elas reside na diferença entre ter um emprego em outra área ou na área em que estão se formando. Também há dificuldade de exercer a profissão e obter reconhecimento. Esse parece não ser um espaço importante de afirmação e construção da identidade feminina, pelo menos não para a maioria das entrevistadas.

Hanna

Sou professora de educação infantil. Minha mãe abriu uma escolinha em 1991 e, quando eu tinha 16 anos, me colocou para trabalhar com ela. Aí, no decorrer do tempo, eu vi que era isso mesmo o que eu queria. Fiz o magistério e comecei a fazer Pedagogia. Bom, eu quero me formar para legalizar a escolinha da minha mãe, ampliar; a gente vai fazer de primeira a quarta série lá.

Lúcia

A minha vida profissional é bem tranqüila. Gosto do que faço. Trabalho com crianças de 4 a 5 anos. São crianças bem carentes, de pais desestruturados. É um pouco cansativo, psicologicamente falando. São crianças problemáticas. Apesar disso, me sinto bem. É um trabalho que eu faço e gosto muito, estou realizada no que eu estou fazendo.

Fabi

Bom, eu tenho 32 anos, eu faço a faculdade de Pedagogia, uma segunda opção profissional, mas antes disso eu já fiz Medicina, sou psiquiatra. No início foi bem complicado, mas agora eu já consegui selecionar. Eu estou fazendo mais consultório, larguei os hospitais. Trabalho bem, ganho o meu dinheiro, sou independente, moro sozinha, pago as minhas contas...

Ana Paula
Eu sou secretária executiva. Trabalho com o meu noivo, o que não é fácil, porque na hora que ele tem de brigar, briga mesmo. Eu gosto do que faço. Trabalho o dia inteiro, menos à tarde, quando estou na faculdade. Eu quero ser professora, eu tenho, assim, essa vontade de lecionar na área infantil, de primeira a quarta série, que é a base de tudo...

Rosana
Bom, foi bem tumultuada a minha vida profissional, até hoje não está definida. Eu comecei como professora, me formei no magistério, trabalhei cinco anos. Aí parei, abri uma loja com o marido e fui trabalhar por sete anos. Resolvi que queria a área da educação e voltei a dar aula na escola em que trabalhei desde o início, e voltei a estudar em função disso. Mas ainda não estou bem certa do que eu devo fazer, na verdade.

Meire
Minha vida profissional é muito complicada. Eu comecei a trabalhar com 19 anos como auxiliar de escritório. Fui promovida a assistente de pessoal, [...] passei a auxiliar de exportação, [...] depois a assistente de exportação. Aí essa empresa fechou e eu fui para o Pão de Açúcar. Fiquei grávida, tive a minha filha e optei por ficar com ela até os 4 anos. Quando ela fez 4 anos, quis voltar a trabalhar, mas fiquei grávida de novo. Fiquei mais quatro anos em casa e ficou mais difícil voltar para o mercado de trabalho. Então me formei em Administração, fiz um curso de pós-graduação em Comércio Exterior, fiz espanhol, inglês, Pedagogia e estou dando curso de Educação Artística num ateliê.

Mariana
Minha vida profissional não é exatamente aquilo que eu queria, mas foi o que deu pra fazer. Me formei em direito pela PUC, trabalhei durante seis anos e pouco como advogada, até o meu primeiro filho nascer, e

houve uma pressão muito grande para que eu parasse. Parei, tive outro filho e quis voltar a trabalhar, mas havia muita resistência por parte de meu marido. [...] Depois ele aceitou. Eu levava os filhos na escola e nas atividades e trabalhava no setor administrativo da Prefeitura na Supeme [Superintendência Municipal de Educação], que é onde eu estou até hoje. Só que no transcorrer veio um terceiro filho... Mas eu não vou parar de trabalhar agora. O menino já está com 13 anos e estou fazendo a faculdade, o que me deixou muito feliz em estar crescendo.

Tina

Tenho 51 anos e acabei fazendo o curso normal. Quando acabei o ginásio, queria fazer Letras, queria estudar latim – eu sempre tive prazer em estudar línguas. Mas tiraram o latim do currículo e eu tive que optar por normal ou científico, porque eu não tinha um emprego fixo, já que vivia viajando com meu marido. A firma não estava indo muito bem e nós voltamos para o Brasil, aí tive que trabalhar, há dezesseis anos... Eu não ensino só inglês, eu ensino a comer de boca fechada, a rezar antes de comer, para agradecer. [...] As mães gostam, elas valorizam meu trabalho. Então, de certa forma, eu tenho filhos. Eu só pego aquela fase gostosa até os 6 anos.

Patrícia

Não tenho vida profissional, mas meu marido trabalha em casa. Eu o ajudo em algumas tarefas. Também cuido da casa. Cada um faz sua parte. Não sou remunerada, mas tenho minhas obrigações, minhas responsabilidades. Meu marido é leiloeiro e a gente compra e vende, então temos um escritório fechado. Sou artista plástica, eu pintava e vendia em leilões. [...] Quando comecei a fazer faculdade, dei uma parada com isso. Como ficava pintando, ficava muito sozinha, isolada. Aí não sabia direito o que queria. Estava tentando dar aula de artes e não conseguia, aí falei: "Não, vou fazer Pedagogia".

Carol

Atualmente, não estou trabalhando. Sou advogada. Fiz de tudo um pouco desde os 17 anos. Trabalhei com menores carentes em planos do governo quando fazia faculdade. [...] Advoguei um pouco em São Paulo, em Marília, pois sou do interior. Dei aulas, trabalhei em pré-escolas e primeiro grau, e trabalhei no governo na parte de finanças. Também trabalhei na Mesbla na parte de crediário. Minha vida profissional já foi bastante agitada, atuei em shows, na parte de bilheteria, financeira, [...] de contagem e de distribuição de verbas.

Casamento e filhos

A maioria das entrevistadas casadas seguiu os moldes tradicionais do casamento. Apenas uma delas o fez por acreditar em sua formação religiosa. Para ela, o casamento religioso é tão importante quanto o civil. As outras mulheres seguiram uma regra social, imposta pela família ou por exigência do noivo.

Somente uma entrevistada afirmou não ter querido casar de "véu e grinalda" e, por isso, casou-se apenas no civil. Relatou, porém, que o casamento para ela trouxe segurança e comodidades, dando sentido à sua vida – agora ela não precisa mais se preocupar com relacionamentos amorosos, e o que isso tudo envolve.

Entre as mulheres casadas, somente uma é separada e casada pela segunda vez, apesar de não haver registro civil. No entanto, seu primeiro casamento foi tradicional em todos os sentidos – "um conto de fadas", como ela mesma disse.

Em outros dois relatos, a figura materna teve um papel preponderante na questão do casamento nos moldes tradicionais, demonstrando a influência da criação que essas mulheres tiveram. Uma delas não acredita em nada que se relacione com a religião, mas fez questão de casar na igreja – uma obrigação social e familiar.

Outro tema que surgiu, para uma delas, foi o da virgindade como obrigação moral, e também como condição imposta por sua mãe. Como esta foi mãe solteira, utilizava de ameaças de cunho religioso para controlar a filha.

Entre as solteiras, duas idealizam um casamento formal, com filhos e certa estabilidade financeira e emocional. As outras duas não acreditam no casamento, mas pretendem ter alguém ao seu lado. Uma delas não sabe se quer ter filhos, e a outra quer apenas um. Ficou em evidência para uma delas a decepção que teve com o rompimento do noivo, quando já estavam com o casamento marcado. Para a outra, houve a traição do namorado, com o qual teve sua primeira experiência sexual. Essa traição gerou muita raiva e desconfiança, tornando-a descrente do casamento, das pessoas e do mundo.

Tais relatos demonstram até que ponto é difícil romper com a educação tradicional, pautada em valores patriarcais, jogando por terra a segurança e os valores já conhecidos.

Apesar de as pesquisas sociais revelarem que a instituição do casamento concebido nos moldes tradicionais vive uma crise de enorme proporção, a tradição ainda persiste. O maior desejo das pessoas continua sendo o encontro e a união amorosa com o outro. Conclui-se que a questão a ser resolvida não está na união das pessoas, mas na forma como essa união é entendida e vivida.

Mariana

Sou de Laranjal Paulista. Casei com 26 anos e, três meses depois, engravidei, numa mudança de pílula. Com 27 eu tive o primeiro filho, com 29 o segundo e com 37 o terceiro. Não acho que eu tenha casado cedo. Não queria me casar de papel passado, mas para o meu marido era imprescindível. Casamento nunca é seu, é dos pais. [...] Não casei com véu, com grinalda nem com buquê na mão. Casei do jeito que eu queria, mas de branco. [...] Acho que naquele tempo o papel passado era mais importante; hoje em dia, o que une as pessoas não é papel...

Carol
Conheci meu marido no cursinho. Já havia namorado bastante. [...] Do cursinho até ele se formar, terminamos e voltamos várias vezes. Não sabia se era exatamente o que eu queria, porque tinha muito medo de casar e fazer algo que eu não quisesse. O casamento em si foi tranqüilo até dois anos atrás, quando a gente entrou numa crise muito grande e ficou separado durante quatro meses. Aí a gente retomou e agora está aparentemente tranqüilo. A formação que eu tive desde pequena era de que casamento tinha que ter o civil sim, mas o religioso também. Para mim isso sempre foi importante, casei com 23 anos.

Patrícia
Casei com 19 anos, só no civil. Não tenho sonho de casar de véu e grinalda, não. [...] Vou fazer treze anos de casada, então já é diferente. Cada idade é uma etapa diferente, né? Mas a gente está sempre junto, [...] é tranqüilo assim [...] e é mais maduro, é mais gostoso.

Rosana
O primeiro casamento foi um conto de fadas. [...] Foi tudo muito rápido. Meu casamento era perfeito, ele era muito apaixonado por mim. Ele é uma pessoa muito legal, mas a gente não tem nada que ver um com o outro. Fui descobrindo que existia outro mundo lá fora, comecei a ser paquerada e isso mexeu muito comigo, porque até então eu nunca tinha me visto como mulher, [...] porque eu me casei com 19 anos.
Foi o meu primeiro homem e só ele. [...] Ele não me dava valor como mulher, era muito tradicional, queria ter cinco filhos e eu nem queria engravidar. Aí resolvi que queria a separação, queria viver esse lado maluquinho. [...] Virei uma louca. Só saía, bebia, conhecia um monte de gente. Aí cansei também. Então conheci o Marcelo. Foi muito legal e a gente está junto, mas também não é perfeito. [...] O meu primeiro casamento foi uma "experiência" como família, como se portar como esposa e mãe.

Tina
Namorei, tive um noivo, mas quando me casei era virgem. Em 1974 conheci meu marido e em 1975 nos casamos. Tivemos que casar fora,

porque ele era divorciado, e no Brasil não havia lei de divórcio. Queria me casar direitinho por causa da família, que esperava que eu me casasse. Eu ainda estava dentro de casa e tinha muita influência da minha mãe. Casei com 25 anos.

Meire
[...] Casamento é uma palavra que deveria significar duas pessoas trabalhando juntas, pensando mais ou menos as mesmas coisas, mas acho que é muito complicado. Os dois têm de ter consciência de que devem ceder e de que cada um deve ter seu espaço. Meu casamento, no primeiro ano, quase não teve jeito. Tive que ter uma conversa séria, porque [...] os homens são acomodados, eles não procuram crescer como ser humano, como profissional.
Minha mãe ficava me enchendo: "Você tem de casar... Você está com 26 anos". Aí eu ficava enchendo o meu namorado, e ele fugindo. Teve uma hora que eu parei e analisei: "Não quero casar. [...] Quero viajar, passear, estudar, ter uma carreira". Então parei de querer casar, aí o meu marido quis e casei porque gostava dele. Sou filha de mãe solteira e ela teve uma experiência traumatizante. Ela me passava muito medo: "Olha, se você fizer alguma coisa, quando você for casar e o padre puser a hóstia na boca, vai virar sangue". Não é que eu não tivesse desejo e tudo mais, mas eu tinha uma preocupação muito grande de ficar grávida e acontecer a mesma coisa que tinha acontecido com ela. [...] Realmente não transei antes do casamento.

Ana Paula
[...] Apesar de todo mundo falar mal, que vida a dois não é fácil, eu acho que é maravilhosa. Primeiro que eu tenho quase uma vida de casada com o meu noivo, porque eu o vejo todo dia. Segundo, ele virou para mim e disse: "A gente vai casar". Eu acho maravilhoso. Tem enxoval, eu fico imaginando quando eu tiver a minha casa com ele, o que eu vou fazer, o que ele vai fazer para mim...

Lúcia
Acho que o sonho de toda mulher é ter alguém do lado, casar, ter filhos. Mas ter uma vida social mais agitada e ter um convívio social com pes-

soas que estão à minha altura é que é bom. [...] Acho que o casamento é uma coisa muito bonita, mas também muito séria. Você tem de estar estruturada psicologicamente e financeiramente. Enquanto você mora com uma pessoa, é mais fácil conviver. A rotina é meio complicada. Todo mundo deve ter essa experiência, porque acho que é uma vivência muito agradável, se houver compreensão e carinho [...].

Fabi
Não sei se acredito no casamento e não sei se quero casar. [...] Não quero envelhecer sozinha, quero ter alguém do meu lado... De repente juntar. Já acreditei muito no casamento, mas já tomei muito na cabeça. Fui noiva, tive um relacionamento de oito anos, estava tudo pronto para casar e ele acabou desistindo. Depois tive alguns casos mais rápidos e tenho outro namoro agora, é o terceiro namorado sério. Mas é difícil eu ficar sozinha, eu não lido muito bem com a solidão, entendeu? E ao mesmo tempo eu não sei se quero casar, porque eu já me organizo direitinho, sou muito metódica, sou chata, enfim, sou detalhista...

Hanna
Acho que não pretendo casar. Tinha muita vontade, mas me decepcionei. Posso juntar, porque acho que dá mais certo do que casar. Se juntar e não quiser mais, é só pegar suas coisas e ir embora. Casar tem todo um processo, separação e filhos.

Quanto à educação dos filhos, a maior preocupação é fazer que as meninas também se preocupem com os estudos para que conquistem a independência financeira. Não aparece preocupação com relação ao casamento, mas com a vida sexual dos filhos, assim como com as doenças sexualmente transmissíveis.

Uma das mães tem a preocupação de educar os filhos igualmente, não fazendo diferença entre os sexos. O menino ajuda até nos afazeres domésticos.

Outra mãe diz ser complicado educar os filhos, mas recebe muitos elogios. Por esse motivo, pensa estar fazendo "a coisa certa", mesmo não sabendo lidar com certas situações.

Portanto, a educação dos filhos não está pautada nos moldes tradicionais, em que os papéis para meninos e para meninas são fixos.

Meire
Sou rígida com disciplina, porque acho que tem de ter limite. Eu explico o porquê das coisas. [...] Eu sou muito aberta. Eu falo de sexo, eu falo de tudo. Por exemplo, minha filha está namorando, aí eu falei para ela: "A hora que você resolver transar você me comunica [...], porque eu vou levar você na ginecologista. [...] Quero que você esteja atenta, porque a responsabilidade a partir daí passa a ser sua. Não quero que você tenha filho cedo. Você tem uma vida inteira pela frente, tem de estudar, viajar, aproveitar o que puder. Se você arranjar um filho, não sou eu quem vai criar, não. Você vai trabalhar, estudar e criar seu filho, aí vai entender uma porção de coisas..."

Mariana
Eduquei falando que família é importante, para eles darem atenção aos avós, aos mais velhos. Agora, com relação a ter respeito e carinho pelas meninas... Eu fiz alguns cursos de educação sexual com a Maria Helena Matarazzo, e uma coisa muito marcante que ela passou é que criança bem informada é jovem responsável. Eu confiei nessa premissa. Então tudo é conversado abertamente. Eu até acho que para o pequeno algumas informações ou conversas aconteceram fora de tempo, mas eu nunca falaria: "Saia da mesa que agora nós vamos conversar sobre outro assunto". [...] Ele vai viajar e leva na carteira uma camisinha. Ele não vai usar, não está na época dele, mas os mais velhos dão de presente, porque dizem que ele não pode correr esse risco...

Carol
Não faço diferença não, sinceramente. Desde pequeno o Felipe brinca com a minha filha com boneca, os dois jogam bola, os dois fizeram esco-

linha de futebol. [...] Acho que não tem de educar diferente, acho que o que serve para um serve para o outro. [...] Em casa todo mundo ajuda todo mundo, até na cozinha ele vai, bater os ovos. Ele ainda é pequeno, mas adora me ajudar.

Patrícia
É complicado educar os filhos. Tem uma pessoa que falou para mim que tem três maneiras de a gente educar os filhos: melhor do que os pais da gente nos criaram, igual ou pior. Procuro ser coerente e dou espaço para eles falarem a parte deles. [...] Acho que meus filhos são bem-educados, mas tem hora que são umas pestes. Recebo muitos elogios, então acho que devo estar fazendo alguma coisa certa. [...] Na parte da sexualidade, acho que vai ter uma diferença, sim. Agora, em questão de se comportar para a vida, não. Eu falo para a minha filha que ela tem de estudar, ter o trabalho dela, fazer as coisas para ela. [...] Nessa parte da responsabilidade, do dinheiro, é igual para os dois...

Relacionamento afetivo-sexual

As práticas sexuais de determinada sociedade são condicionadas pelas relações sociais, pela religião e pela ciência, que apresentam certos dogmas, afetando a dinâmica das atividades sexuais. Certas idéias preconcebidas sobre o papel que homens e mulheres devem desempenhar ainda condicionam vidas e expectativas sexuais. Por exemplo, a figura mítica de Eva ainda é aceita como representante feminina, mesmo com alguns de seus aspectos rejeitados no universo das mulheres atuais – a submissão e a dependência em relação ao homem.

Uma das entrevistadas, Rosana, relata que só descobriu o que eram sexo e prazer depois da separação, época em que teve um número maior de parceiros. Antes, acreditava que o sexo era parte da função de esposa, uma obrigação. Sua mãe nunca falava sobre o assunto, e ela mesma nunca conversou com ninguém, pois tinha muita vergonha. Para ela, sexo era tabu.

Segundo Chaui (1984, p. 9-10),

> A repressão sexual pode ser considerada como um conjunto de interdições, permissões, normas, valores, regras estabelecidas histórica e culturalmente para controlar o exercício da sexualidade, pois, como inúmeras expressões sugerem, o sexo é encarado por diferentes sociedades (e particularmente pela nossa) como uma torrente impetuosa e cheia de perigos – estar "perdido de amor", "cair de amores", ser "fulminado pela paixão", beber o "filtro de amor", receber as "flechas do amor", "morrer de amor". As proibições e permissões são interiorizadas pela consciência individual, graças a inúmeros procedimentos sociais (como a educação, por exemplo), e também expulsas para longe da consciência, quando transgredidas, porque neste caso trazem sentimentos de dor, sofrimento e culpa que desejamos esquecer ou ocultar.

Voltando ao campo empírico, Rosana percebeu, ao se separar, que desejava viver seu lado reprimido e descobrir partes escondidas de sua vida, como ela mesma afirma: "Virei uma louca. Só saía, bebia, conhecia um monte de gente". Por meio dessas experiências, dissolveu barreiras que permitiram o acesso ao instinto puro, ao lado escuro que se expõe diante da luz.

É o mesmo caso da última entrevistada, que teve um namorado por oito anos, nos moldes tradicionais, que mais parecia uma relação de irmandade, pois já não havia sexo. Por esse motivo, ela passou a ter outros parceiros sexuais, o que gerou muita culpa. Assim mesmo, ainda desejava casar com o noivo. Quando ele rompeu o compromisso, ela teve várias relações puramente sexuais, sem envolvimento afetivo: "Nunca fui muito reprimida sexualmente, pelo contrário. Assim, no primeiro relacionamento, eu já transo; mal conheço a pessoa".

Eis a figura mítica de Lilith presidindo esse processo, como sombra da cultura internalizada, pois essa personagem representa a rebelião contra a repressão do prazer, a resistência à proibição da escuta dos próprios desejos. Mas escolher um padrão "diferente" significa personificar aspectos considerados sombrios na ordem social reconhecida. Portanto, impor-se e adaptar-se à sociedade de maneira alternativa ao tradicional gera problemas.

A maioria das entrevistadas falou pouco ou quase nada sobre sua vida sexual, apenas de forma superficial, citando somente a relação conjugal ou a relação mais estável.

No entanto, duas queixas surgiram: a diminuição da freqüência sexual e a falta de afetividade, apesar de o sexo ser prazeroso. Todas elas, contudo, afirmaram que conseguiram contornar a situação, pois outros fatores importantes tornaram possível manter o casamento.

Surgiu também a negação do sexo na fala de Lúcia, que, ao ser trocada por outra mulher, perdeu a vontade de conhecer outro homem. Como esse namorado foi sua primeira experiência sexual, mas acabou casando com outra, ela afirmou sentir-se uma perdedora. Por esse motivo, não quer tentar novamente outra relação e diz: "Ele foi o primeiro e será o único. Eu não sinto mais vontade de ter outro. No momento, a coisa está bem difícil".

Já no caso de Hanna, a primeira e única experiência sexual foi péssima, mas ela diz não se arrepender do que fez. Atualmente, não está pronta para namorar; sentiu-se usada, não acredita em mais ninguém.

Portanto, o fracasso no relacionamento afetivo-sexual pode gerar culpa, medo e frustração consigo mesma e com o outro. A maneira como a pessoa se vê e se avalia tende a afetar sua auto-estima, que é o sentimento de orgulho e valor próprio. Qualquer golpe na auto-estima afeta a auto-imagem, podendo gerar medo de fracassar novamente, raiva e ressentimento em relação ao outro.

Rosana
Sempre fui uma pessoa extremamente reprimida sexualmente, mas só descobri isso quando me separei. Acho que era imaturidade mesmo, aquela coisa de se prender, de se segurar, de não poder sentir, de não se tocar, de não se olhar nunca. [...] Nunca minha mãe tocou num assunto sequer sobre sexo. Não tinha noção do que era sexo, prazer, e descobri isso com 28 anos mais ou menos. Hoje tenho uma vivência sexual maior. Já dá pra saber o que é prazer, como é cada pessoa...

Ana Paula
É legal, me identifico com meu noivo. Ele é o primeiro, e acho que vai ser o último, porque a gente vai se casar no ano que vem. Para mim é muito bom. Para ele, pelo que ele fala, porque conversamos muito, acho que é bem bom, sim. Não tive experiência com outros, mas para mim está bom, é ótimo.

Tina
Tenho certeza de que se ele morrer primeiro – seria assim pela lei da vida, ele tem 69, eu 51 – jamais vou achar outro homem igual, sabe? Ele é minha metade mesmo, em todos os aspectos. Minha vida sexual, a nossa vida, sempre foi muito boa, porque a gente se adora. Isso é muito importante. Durante o tempo em que eu fiz a faculdade, caiu um pouco a qualidade, mas por minha culpa. Inclusive ele reclamou muito, coitado, ele sofreu, mas foi muito paciente...

Carol
Minha vida sexual é boa. Não vou dizer que não é. Mas, de um tempo para cá, ela está menos intensa do que eu gostaria. Talvez ele esteja

entrando numa fase mais devagar e eu continue com todo o meu potencial, com toda a minha vontade. Então brinco com ele, falo sempre que tenho de arrumar um "Ricardão" para resolver os meus problemas. Ele dá risada. [...] Ele já não está com tanta energia, talvez porque esteja trabalhando demais, além do cansaço, do desgaste, do trânsito, do estresse...

Mariana

Tive muitos namorados. Digo que tenho um caderno de brochura de nome de namorados. O namoro daquela época era uma coisa muito gostosa, *light*, nada do que é hoje, no tempo dos meus filhos. Mas não casei virgem. Na realidade, só transei mesmo com outro rapaz, que namorei durante muito tempo e que não deu certo. Só isso. A minha vida sexual sempre foi boa; a afetiva, não. Até costumava falar para ele que era uma pena nos darmos tão bem na cama e tão mal afetivamente.

Lúcia

A minha vida está meio tumultuada, vamos dizer assim. A primeira vez foi com um cara por quem me apaixonei. Mas não deu certo e brigamos. Ele se envolveu com outra garota de 17 anos e a engravidou. Sofri muito. Acabei perdendo. Ele casou com ela, e acho que estou nessa fase porque perdi. Então, estou com medo de tentar uma nova relação. Estou afastada das coisas, mas sexualmente acho que ele foi o primeiro e será o único. Eu não tenho mais vontade de ter outro. No momento, a coisa está bem difícil.

Hanna

Por enquanto, estou solteira, graças a Deus. Faz quatro meses. Não quero namorar tão cedo. Namorei quatro anos. Foi uma péssima experiência; não gostei. Estou a fim de ficar solteira. O carinha era legal, mas depois que eu o ajudei a fazer tudo que ele queria, ele sugou, sugou, e depois não quis mais. Então, preciso ficar solteira no momento.

Fabi

O primeiro relacionamento durou oito anos. Tínhamos uma relação de irmãos. Ele era da mesma faculdade; fazíamos Medicina juntos. No final do relacionamento, a gente nem transava mais. Acho que foi por isso que acabou. Então, eu o traía. Acho que eu acabava compensando com relações extraconjugais. Eu tinha muita culpa, acabava nem transando com ele e minha libido era baixa. Com os outros, sempre foi muito sexo. Eu me envolvia só sexualmente. Foram poucos com que me envolvi afetivamente. Com quem estou atualmente o envolvimento é afetivo e sexual.

Vida financeira

Como podemos observar, uma parte das mulheres casadas trabalha fora, mas nem todas na profissão escolhida, a Pedagogia. No entanto, seus gastos estão relacionados com coisas pessoais, com despesas domésticas ou com o próprio estudo. Somente uma das entrevistadas – Rosana – tem vida financeira independente da do marido, e procura não contar com o dinheiro dele. Deixou bem claro que é de extrema importância para ela ser independente financeiramente e contar consigo mesma. Não quer repetir o erro de depender totalmente do marido, como ocorreu no seu primeiro casamento. Apesar de afirmar que sua vida profissional não está definida ainda, acredita ter condições de se desenvolver nessa área.

Apenas duas entrevistadas casadas não trabalham atualmente – Carol e Patrícia –, mas somente a segunda nunca trabalhou. Disse ajudar o marido que trabalha em casa, porém não ganha salário, ou seja, não lida com dinheiro. Em sua fala, nota-se que o fato de ela nunca ter trabalhado e depender financeiramente do marido causa-lhe certo constrangimento.

Entre as solteiras, todas trabalham, mas somente duas são independentes – Lúcia e Fabi –, moram sozinhas e arcam com todas as suas despesas.

Nesses depoimentos fica claro que a grande maioria não tem muita preocupação em buscar independência financeira, pois se adaptaram ao modelo tradicional – o homem é o provedor. Isso ficou bem claro no depoimento de Mariana, que durante seis anos tentou estudar mas não pôde, porque deveria cuidar dos filhos pequenos, ou seja, cumprir com seu papel de mãe. Para conseguir cursar Pedagogia, teve de mentir e prestar vestibular escondida da família. Por esse motivo, acabou arcando com as despesas do curso sozinha. Descobriu, então, que poderia ter feito isso há muito tempo, contudo acabou acomodando-se no papel de mãe e esposa.

Apesar de toda essa modernidade que vivenciamos, podemos reconhecer elementos de Eva ainda muito presentes no comportamento das mulheres. Em momentos de crise pessoal, surge uma necessidade de transcender esse padrão coletivo, rumo ao processo de individuação:

Fabi

> Eu não me projeto na minha mãe, pois ela é dona-de-casa, sempre dependeu do meu pai em tudo. Eu já não assumiria um papel desses. Eu não dependo de ninguém. Esse é o problema. Nem sei se é problema. É uma questão minha, individual. Minha avó dependeu do marido, depois do filho; minha mãe também depende, assim como minha irmã mais velha, minha única irmã. Não é isso que eu quero para mim.

Outro ponto importante que surgiu na fala da entrevistada foi o problema de optar por um padrão "diferente" da maioria das mulheres de sua família e da sociedade em geral. Isso porque significa personificar aspectos considerados sombrios, inadequados ou antinaturais na ordenação oficial. Impor-se e adaptar-se à sociedade de maneira alternativa à aceita oficialmente traz problemas. Por ter uma vida sexual mais liberal do que a maioria, Fabi pode ser considerada leviana. Ela mesma afirma: "Sou galinha mesmo. Quando estou com tesão, eu transo. Eu não tenho problema em transar no primeiro encontro; transo mesmo".

Com sua atitude assumida, ela acaba por gerar nos outros uma ambigüidade perigosa, desafiando as instituições preestabelecidas que protegem todo o sistema social. Emergem então os poderes inconscientes que fazem que os outros exijam que tal ambigüidade seja reduzida, mediante a acusação – um meio de exercer o controle e o retorno da normalidade anterior.

Segundo Paiva (1990, p. 160),

> as mulheres diferentes do padrão atraem o medo da não-estrutura, cujo poder está simbolizado no seu *status* ambíguo e inarticulado: estão em perigo e o emanam aos outros. Quando são um pouco mais velhas, estão mais cristalizadas a auto-imagem e as suas formas de adaptação ao grupo, e mais estruturada sua adequação ao mundo (ao casamento, à família, ao trabalho, à rotina). É muito difícil viver a "contraparte", muito mais do que é na adolescência impulsionada pelo heroísmo cego. O público adulto é menos tolerante com os rebeldes e as rebeldias adultas. As defesas internas estão mais carregadas, a transição mais perigosa, a atribuição do perigo vem de fora e de dentro. Amolecer a persona, manter vivo o eixo ego-*self*, livre o fluir de símbolos, exige disposição consciente para escutar o inconsciente e firme estrutura para segurar o "abalo".

Outro exemplo da possibilidade de viver o "outro lado" surge no caso da entrevistada Tina, que começou a trabalhar depois que o marido não conseguiu mais arrumar emprego. Ela pôde viver sua verdadeira vocação – dar aulas para crianças –, tornando-se a mantenedora da família, como ela mesma afirma: "Meu lado masculino é muito forte, sempre foi, e agora está mais acentuado do que nunca".

Esse "outro lado" vivido por uma mulher não deve ser chamado de *logos* ou *animus*, algo tradicionalmente identificado por personificações nas figuras masculinas. O *animus* é uma função psicológica que preside a individuação, gerando no indivíduo a busca de sua contraparte. Ou seja, a pessoa procura o que não foi desenvolvido em seus potenciais ou vocações, em sua identificação mais profunda.

Portanto, a crise ou o chamado da vida são rituais essenciais na construção da identidade da pessoa que embarca nessa jornada. Igual aos mitos, quando o herói ou a heroína aceita o chamado, vivendo todos os riscos dessa viagem e retornando transformado, passando seus conhecimentos para os outros. Por esse motivo, podemos afirmar que os mitos não são pura ficção, pois neles se expressa toda a nossa natureza humana, em seu caráter universal.

Meire

> Eu sempre penso nas prioridades de casa. Primeiro, pagar todas as contas, não ficar devendo nada, porque minha maior preocupação é ter tudo pago realmente; depois, ter algum dinheiro na poupança – ultimamente está bem difícil, mas a gente tenta colocar. Outra prioridade é dar uma boa educação para as filhas. Tem também o lazer. É meio complicado, porque não sobra dinheiro. [...] Se sobrar, a gente vê o que dá para fazer, talvez uma viagem, um passeio, sair... Eu sou bem comedida com dinheiro. Eu sei quanto meu marido ganha; ele sabe quanto eu ganho. Eu ganho bem pouquinho, porque eu só trabalho dois dias por semana. Ele quer que eu administre o dinheiro, mas eu não, pois quero que ele saiba administrar. Ele tem tendência muito grande de escorregar o dinheiro pelos dedos. Eu, não. E quero que ele aprenda. Normalmente, quando o bicho pega e surge algum problema, eu entro e resolvo.

Mariana

Temos duas fontes de renda em nossa casa. Uma é a do meu marido e a outra é minha, aquela porcaria que eu ganho [risos], que fica para os meus gastos. Até para eu fazer a faculdade foi trabalhoso. Durante seis anos, implorei para fazer faculdade. A resposta era "não", pois eu tinha um filho pequeno, um terceiro, temporão. Minha atividade deveria ser dirigida a ele, como levá-lo ao clube – a mesma coisa que eu fiz com os dois primeiros. Até que chegou certo ano em que menti. Disse que ia à casa de uma amiga, mas fui prestar vestibular. Passei, e aí falei que eu faria. Então veio o grande lance: "Quem vai pagar a faculdade??" Eu disse que pagaria, e realmente pago. Sobra muito pouco, mas, por incrível que pareça, desde que passei estudar, o meu relacionamento com meu marido melhorou. Quando eu preciso das coisas que o meu dinheiro não dá para comprar, ele me supre.

Patrícia

Não tenho vida profissional, mas meu marido trabalha em casa e eu o ajudo em algumas tarefas. Também cuido da casa. Cada um faz sua parte. Não sou remunerada, mas tenho minhas obrigações, minhas responsabilidades.

Rosana

Eu sei quanto ele ganha, ele sabe quanto eu ganho; mas cada um tem sua vida pessoal e "dinheiral" [risos]. A vida econômica é completamente independente uma da outra. Eu banco minhas coisas, e ele banca as dele; a maior parte das contas da casa é dele, pois eu tenho a faculdade, mas eu me viro. Eu passei uns apertos no começo do ano. Comecei então a vender roupa – porque eu não paro. Agora, eu dei uma paradinha, porque a situação se endireitou, mas eu tenho a minha vida, e ele tem a dele. Quando preciso, às vezes pego emprestado, mas devolvo. Mas não existe uma regra preestabelecida. Apesar disso, eu procuro não contar com um centavo dele. Eu conto somente com o meu dinheiro.

Tina

Ele era o provedor; eu não trabalhava, ele me mantinha. Então, nessa época, como a empresa pagava todas as nossas despesas, ele decidiu guardar o salário dele durante nove anos e meio, e nós fizemos uma poupança. Ele não tem aposentadoria hoje, porque não trabalhou tempo suficiente em nenhum país; ele trabalhou um pouco na África, um pouco na Inglaterra e um pouco no Brasil. O que ele tem atualmente é o que ele conseguiu poupar. Hoje, ele está em casa, não trabalha. A música é o *hobby* dele. Ele toca com os amigos teclado, bateria, flauta, tudo. [...] Eu pretendo me aposentar e continuar trabalhando, mesmo depois da aposentadoria, porque eu vejo que ele não tem aposentadoria e parou por causa da idade. Eu sou a mantenedora hoje. [...] Meu lado masculino é muito forte, sempre foi, e agora está mais acentuado do que nunca.

Carol
Sempre trabalhei com finanças. Eu sou tranqüila. Sou uma pessoa que sabe a hora de gastar e a de guardar. Nunca fui de ficar estourando cheques, e todas as nossas contas são conjuntas. Em casa, nunca houve diferença; mesmo quando eu trabalhava, nunca houve nada do tipo "isso é meu, isso é seu".

Ana Paula
É difícil porque eu ganho pouco em relação ao modo como eu vivo. Depois que eu comecei a trabalhar, minha mãe não me deu mais dinheiro. Quem às vezes compra roupa para mim é meu noivo; às vezes, eu compro com o meu dinheiro. Eu revendo Avon e sobra um dinheirinho também. Então, é assim que vou levando a vida... Meu pai paga a faculdade, é por isso que eles não me dão dinheiro nenhum por fora.

Hanna
A faculdade quem paga é meu pai. O que ganho é só para meus gastos: roupa, consórcio, dentista... Não ajudo em nada em casa, por enquanto. Às vezes fico meio apertada; é meio complicado sozinha [risos]. Quando a coisa aperta muito, minha família acaba me ajudando, mas eu mesma me viro sozinha. Eu trabalho num miniorfanato; [...] sou professora interna, então durmo lá de segunda a sexta. No final de semana, fico na casa das minhas irmãs.

Fabi
> Trabalho bem, ganho o meu dinheiro, sou independente, moro sozinha, pago aluguel, minhas contas. Sou solteira, ajudo minha mãe; também ajudo um pouquinho meu irmão. Gosto muito do que faço.

Vida social

As questões sobre a vida social ajudaram a levantar dados sobre a independência real das entrevistadas, já que na primeira parte da pesquisa houve um número significativo de respostas afirmativas em relação ao direito de a mulher manter sua individualidade. No entanto, as respostas na segunda entrevista não corresponderam à anterior – entre as casadas somente duas saem ou viajam sozinhas (Tina e Carol). A grande maioria não tem vida social agitada e apenas sai acompanhada do marido.

Contudo, uma entrevistada – Mariana – afirma não poder sair sozinha por imposição do marido, que é muito inseguro, em sua opinião. Já chegaram a fazer terapia de casal, mas ele logo desistiu. Ela não sabe ao certo por que ficou com ele, talvez por ser conveniente, ou por gostar muito dele. Mas a relação do casal é muito diferente e melhor atualmente. Em seu discurso podemos identificar elementos de passividade, obediência, resignação e falta de vontade própria. Ou seja, a chamada "Amélia", que foi e talvez ainda seja considerada padrão de mulher ideal. Também em sua fala está presente a figura mítica de Eva, criada por Deus para obedecer e submeter-se ao homem.

Apesar de um discurso avançado, as atitudes parecem não ter sofrido grande mudança, criando assim uma cisão entre o falar e o agir. O comportamento das mulheres continua dentro dos moldes tradicionais, mesmo que elas façam pequenas "sabotagens". Como no caso de Mariana, que mentiu para poder fazer o vestibular e cursar uma universidade.

Entre as solteiras, as atitudes não são tão diferentes: apesar de saírem mais, não viajam sozinhas. É o caso de Ana Paula, que está noiva e só viaja em companhia do noivo.

Somente Fabi parece estar mais consciente da importância de ter a própria individualidade e respeitar a do outro. No entanto, ela precisa controlar o ciúme. A terapia tem ajudado muito a mudar de atitude, como ela mesma afirma: "Eu faço terapia já faz três anos com a mesma pessoa; faço psicodrama. Já sinto uma melhora com relação a essa questão afetiva. Não é que eu esteja realizada ou superfeliz. Eu estou num relacionamento que está legal, mas não é do jeito que eu quero que fique".

Apesar do aumento das oportunidades e da ampliação da liberdade, a mulher corre "o risco" de ser mãe solteira, divorciada ou chefe de família; de ser bem-sucedida e esgotada afetivamente, sozinha e/ou culpada; de ser a esposa primorosa que perdeu a chance de se profissionalizar e, ao não ter mais a proteção da família tradicional e encontrar-se perdida, verificar que não conquistou um espaço alternativo de segurança social. Portanto, a vida é difícil para todas.

Existe, atualmente, um modelo de mulher fatal: Lara Croft.[10] Faz parte da "realidade virtual" da informática, é inteligente, bonita, determinada, acostumada a enfrentar os homens de igual para igual e a não precisar deles. Não pensa em casamento tradicional nem em filhos. Essa personagem pertence ao jogo de videogame intitulado *Tomb Raider*, que já vendeu mais de trinta milhões de cópias desde seu lançamento, em 1996.

---

10 *Revista da Folha*, São Paulo, n. 477, p. 6-11, 8 jul. 2001.

Não se sabe por que essa "mulher virtual" exerce tamanho poder de sedução. O mais provável é que Lara Croft represente o ideal tanto para homens quanto para mulheres. Contudo, na vida real, as mulheres que se identificam com esse modelo afirmam que quase sempre estão sozinhas. E os homens dizem preferir uma "boa moça", temendo "levar o fora" e ser traídos. Na visão deles, esse tipo de mulher é perigosa, pois é muito mais esperta do que os homens, e os intimida. O homem não suporta conviver com uma mulher que brilha mais do que ele, segundo uma das entrevistadas.

Portanto, ser mulher atualmente não significa ter um caminho definido de identidade sexual. Isso ocorre porque os antigos limites de separação ou antagonismo entre os sexos não foram eliminados.

Hoje, os padrões de adaptação exigidos da mulher são mais amplos do que antigamente. Entretanto, toda essa indefinição acaba por gerar medo e incerteza, fazendo que a maioria das mulheres se identifique com as polaridades do molde tradicional – Lilith ou Eva. Por esse motivo, o que ainda dá mais certeza ou segurança para mulher é o casamento, a submissão, o ambiente doméstico e os filhos.

No entanto, algumas mulheres começam a "ousar" – como Liliths criativas –, vivendo o profissional, o sensual, o prazer do corpo, a independência financeira, a solidão ou qualquer outra escolha. O que importa é a busca constante do caminho consciente de adaptação e a possibilidade de descobrir sua ética, seu processo individual de ser mulher.

Carol

Minha vida social não é muito agitada. Eu e meu marido não costumamos sair muito em grupo, a não ser em família. [...] Quando saímos, geralmente é sozinhos ou com alguém da família, uma prima, que é casada também, mas normalmente saímos sozinhos aqui em São Paulo. Eu vou só ao cinema, saio com amigas, brinco de amigo-secreto no final do ano... é uma delícia. Eu adoro, curto demais. A gente faz a maior farra aonde vai. No final, o bar inteiro está participando, porque a gente se diverte muito. Nesse ponto, eu tenho uma vida só, isolada do meu marido.

Tina

Ah, a vida social era muito boa. Eu almoçava na Espanha e jantava em Portugal. Tudo em avião particular, e a firma pagava tudo. Para onde eles fossem, pagavam hotel, estadia, restaurante, cabeleireiro, táxi, tudo... Então passávamos, todo ano, quatro, cinco meses na Argentina, em Buenos Aires. Ele tem 69 anos, dezoito a mais que eu. Ele é uma pessoa mais tranqüila, adora ficar dentro de casa. Não gosta de sair muito. Se eu quero ir ao cinema, ao teatro, procuro amigas, ou mesmo casais amigos. Eu viajo sozinha. Já fui para os Estados Unidos. Tenho amigos lá. Vou para a Inglaterra. Lá encontro com os amigos, fico com eles. Eu sou muito independente. Nossa vida está bem assim. Está boa para os dois, porque ele é de ficar dentro de casa e eu adoro sair. Se eu quero sair, saio, e ele não me proíbe.

Rosana

É uma loucura, muito agitada [risos]. Eu tenho muitos amigos, faço amizade com muita facilidade, me dou bem com todo mundo, mas não tenho segurança para viajar sozinha. Se ele não for comigo, não vou. Eu não gosto... Eu não tenho vida social, eu só trabalho, estudo, cuido de casa, das filhas, preparo as aulas, faço meus mapas, essas coisas... É bem difícil mesmo. Gosto mais de ficar em casa curtindo um bom filme, um livro.

Patrícia

Temos alguns amigos, mas não uma vida superbadalada. [...] Eu gosto muito de ir ao cinema. Temos vida social. A gente vai a jantares, às vezes saímos no final de semana para a casa de alguém, de algum amigo, em Serra Negra, na praia, no campo, essas coisas... A gente sai bastante para almoçar fora com as crianças. Saímos todo final de semana, mas não costumo ir a boates. Ah, é difícil sair sozinha. Às vezes eu saio, mas não à noite. Geralmente fazemos um programa juntos à noite.

Mariana

Minha vida social é muito gostosa. Sou muito comunicativa. Não tenho irmãs; só dois irmãos – aliás, um mais velho, falecido, e o irmão mais novo, separado. Em função disso, eu sempre me dei com minhas primas, minhas amigas. Até hoje somos um grupo. Éramos cinco casais que saíam constantemente. [...] Nunca foi meu esquema, imposto pelo meu marido, de eu fazer algum programa sozinha. Era reunião na casa de uma tia, chá-de-cozinha ou chá-de-bebê de alguém, mas sair com minhas amigas para ir tomar um chopinho, acho que eu teria algum problema. Deveria ter algum perigo nisso. Evidentemente, ele dizia que era para o meu bem, mas eu sei que era insegurança da parte dele. Eu sei que não tenho problema, que sou cabeça feita. Foi muito difícil, um trabalho de anos. Por alguma razão, era conveniente para mim, ou eu realmente gosto muito do meu marido, e fui ficando, trabalhando... Nós chegamos a fazer terapia de casal, mas ele me abandonou [risos] sozinha na terapia. Ele acha que isso é bobagem. [...] Ele é excessivamente ciumento, e eu acho que é excessivamente inseguro também, mas ele nega. Fomos trabalhando esses problemas e, hoje, a minha relação com ele, em todos os sentidos, é oitenta por cento melhor.

Hanna

Eu tenho muitos amigos agora. Antigamente, eu não tinha. Eu também tenho um bom relacionamento com meus pais e com meu irmão. Eu sou muito sociável. Todo mundo gosta de mim. Eu não viajo sozinha. Mas saio toda noite. De sexta a domingo, estou na balada.

Ana Paula

A minha vida social é na minha casa, onde há um pouco de distúrbio por causa do meu irmão – a gente não se dá bem. Eu e o Fábio temos amigos em comum. A gente vive numa boa. Eu não viajo sozinha. Nunca me acostumei, porque minha mãe nunca me deixou viajar sozinha, nem com o Fábio. [...] Mas hoje eu só viajo com ele. A primeira vez que viajamos sozinhos foi para Fortaleza, no ano passado. [...] Às vezes saio sem ele. Ficamos nessa alternância.

Lúcia

Saio bastante com meus amigos. Sempre saio nos finais de semana. Eu trabalho a semana inteira, então viajo no final de semana. Nas férias, eu costumo ir para a Bahia, onde moram meus familiares. Aqui eu me divirto bastante. É uma vida social bem normal, não é?

Fabi

Eu saio com minhas amigas, mesmo sem ele. Eu conheço muita gente. Tenho amigas da faculdade, de clínicas em que trabalhei, amigas pessoais e até os amigos dele são meus amigos. Assim, se ele não pode sair, eu saio. [...] Ele faz a mesma coisa. Até um tempo atrás, eu estava dando plantão de sexta-feira à noite, e ele saía também de vez em quando nesses dias.

Religião

O aspecto religioso é de grande importância para nós, ocidentais, pois nossa psique foi moldada pela cosmovisão judaico-cristã. Além disso, a religião é uma das expressões mais antigas e universais da alma humana, exercendo sua influência por mais de dois mil anos sobre o Ocidente. Tanto que, ao lermos os eventos da Bíblia, podemos reconhecê-los como parte importante de nossa experiência particular.

Nos relatos obtidos, constatamos que sete entre dez entrevistadas tiveram uma formação católica, mas somente duas são praticantes. As demais são: duas espíritas, duas católicas espíritas, uma evangélica, uma católica não praticante e duas sem religião.

Para a maioria das entrevistadas, a religião tem papel preponderante. Traz equilíbrio e orienta suas posturas diante dos fatos e de seus relacionamentos. Ou seja, a religiosidade é percebida na vida cotidiana e sentida como ordenadora e embasadora para essas mulheres.

Do lado oposto, estão as entrevistadas que afirmaram não praticar ou não ter uma religião (Tina e Patrícia). A religião parece não exercer nenhuma influência nelas, como se fosse algo distante de sua vida. Esse tipo de pensamento é chamado por Campbell (1997a) de "dissociação mítica", pois o senso de experiência do mundo é transferido ou projetado para algum outro lugar.

No entanto, ao relatarem alguns acontecimentos, percebemos várias atitudes ou ritos religiosos como o casamento na igreja, mesmo sendo entendido como uma norma social imposta. Portanto, acreditando ou não em uma religião, esta faz parte da vivência delas, já que está inserta em suas normas, leis e regras sociais.

Outro fenômeno religioso importante é a conversão, que consiste em um eu dividido, conscientemente infeliz e inferior, que se unifica por meio da reinterpretação religiosa. É uma transformação na vida do indivíduo, que se torna conscientemente feliz, forte e superior.

Existem vários motivos para a conversão de uma pessoa, como um choque emocional, a perda de um ente querido, o sentimento de imperfeição, de pecado, de ser inacabado e ansiar por paz e perfeição. Ou ainda em função de uma nova informação obtida por meio de uma manifestação divina, da qual não se obtém explicações racionais, mas que modifica a vida do convertido.

É o caso da entrevistada Lúcia, que afirma ter encontrado em sua atual religião um novo rumo, pois sua vida passou a ser melhor. Depois de ingressar na igreja evangélica, ela não bebe mais, não dança e não tem mais relações sexuais. Todas as atividades que mantinha anteriormente causaram sua infelicidade. Um dos agravantes foi o fato de seu namorado ter ser casado com outra mulher.

No entender de William James (1995), conversão é a necessidade de que um agente exterior e superior controle e dirija a vida de uma pessoa. Contudo, na verdadeira vicissitude dessa conversão repousa a manifestação de um processo subliminal: lembranças, emoções e experiências de vida que, por vários motivos, são depositadas no subconsciente e, portanto, encontram-se fora do campo da consciência. Tais conteúdos acabam por tornar-se conscientes, mas não fazem nenhum sentido quando percebidos pelo indivíduo, que, por ignorar as origens de tais sensações, visões ou pensamentos "novos", acaba por relacioná-los com o sagrado. Ou seja, algo exterior à pessoa e que possibilita o automatismo, a sensibilidade emocional e uma sugestibilidade passiva, tornando-a alvo fácil para a conversão.

Isso leva o indivíduo a um estado de fé ou convicção que proporciona paz interior, salvação, harmonia, bem-estar consigo mesmo e sentimento de unificação com toda a criação. Permite o abandono de todas as preocupações, sentimentos e medos anteriores. O mundo passa a ser bonito, melhor e bom, pois Deus se manifesta em sabedoria, pureza e amor. Então, o indivíduo percebe verdades nunca antes conhecidas, e os mistérios da vida tornam-se claros. A solução é inexprimível por palavras, mas sentida interiormente; por isso, a pessoa entrega-se totalmente a Deus, o qual conduzirá a sua vida.

O passo seguinte é a *pertença*, que, na visão de William James, é um grupo de indivíduos que compartilham com o convertido valores ou experiências da presença do divino, ocorrendo então a integração social. Dentro da comunidade religiosa, o convertido é aceito e compreendido pelos outros, uma vez que todos possuem interesses, idéias, objetivos ou experiências semelhantes. Assim, todas as idéias desse indivíduo vinculadas a outros objetivos anteriores poderão ser excluídas de seu campo mental.

Mariana

Sempre fui católica, e meus pais participam de equipes de casais há mais de trinta anos. Nós até chegamos a participar dessas equipes, mas não deu certo. Não foi por nossa causa... Outros casais desistiram e nós não voltamos, mas sempre freqüentamos a igreja. Se tenho tempo, eu rezo; se não, só converso com Deus. Agora, não obrigo os meninos. Eles fizeram a primeira comunhão. A vida dos avós é referência para eles. Conversamos até sobre o que a gente não acha correto. Todos os mentores espirituais dos nossos pais freqüentaram a minha casa. Os meninos sempre perguntaram abertamente sobre aquilo que acreditam, mas eu vou deixar por conta deles a decisão de freqüentar a igreja. Meus pais nunca me obrigaram; então, acho que eu também não tenho direito de obrigá-los.

Hanna

Eu sou católica apostólica. Freqüento a igreja todo domingo. Meus pais são ministros da eucaristia da minha paróquia, então eu sempre vou com eles. Amanhã eu vou para o encontro de jovens no Santíssimo Sacramento. Isso me ajuda bastante. [...] Não vou dizer que sou uma bitolada igual a meu pai e minha mãe, mas todo domingo eu vou. Se tem alguma coisa diferente, como procissão, missa dos motoqueiros, eu sempre vou. Eu gosto de ir. Acho que é bom pra mim. Quando eu namorava o Tiago, eu não ia, porque ele não gostava de ir.

Carol

Eu tenho religião. Sou católica. Já fui praticante de ir todo domingo à missa direitinho. Depois que perdi minha mãe, eu me afastei um pouco – era uma coisa muito da minha casa, da minha família –, mas continuo seguindo os ensinamentos. Eu procuro praticar o que acho ser bom para mim. Eu faço para outros o que quero para mim. Também procuro não fazer para outros o que não quero para mim. A religião real mesmo é aquela que está dentro da gente. Eu vejo muita gente indo à igreja, mas no fim faz tanto mal aos outros. Para mim, isso não é ter religião.

Lúcia

Eu era católica. Há um ano e meio estou freqüentando uma igreja evangélica. Mudou muita coisa na minha vida. As coisas que eu fazia antes, hoje não faço mais, como dançar, beber, tomar uma cervejinha ali, outra acolá, nem mesmo sexo. [...] Depois que comecei a freqüentar a igreja, fiquei me perguntando se eu precisava realmente ter começado minha vida sexual tão jovem com o meu namorado. Será que eu não deveria ter dado um tempo? Muitas perguntas vieram. Acho que hoje a religião, de alguma forma, me influenciou muito. Gosto de onde freqüento. Eu me sinto muito bem. Acho que a minha vida melhorou.

Rosana

Eu não tenho uma religião definida. Na verdade, hoje descobri que eu nunca tive, porque tenho uma mistura de católica com espírita. O lado espírita mexe muito comigo. Eu gosto muito de ler sobre isso e até tive minha primeira experiência, faz pouco tempo, de ir numa mesa branca. Foi muito legal. Mas eu não acredito em tudo, então tenho a minha própria religião. Sempre falo isso. Para mim, existe um Deus, mas não esse de que o povo fala.

Ana Paula

Eu acho que não tenho muito uma vida religiosa. Minha mãe é espírita. Ela comandava um centro na casa da minha avó, mas as duas brigaram e o centro acabou. Ela tem um cantinho lá em casa em que reza para todo mundo. Só que a minha sogra é católica; então, eu vou à igreja. Não tenho nada contra. Não gosto muito do que os padres falam, porque eu acho muito pesado, mas eu gosto do catolicismo. No entanto, acho que gosto mais do espiritismo, com essa coisa de mexer mais com o espírito, de vida após a morte. Eu gosto bastante dessas coisas.

Meire

Eu sou de família católica, mas desde os 6 anos sempre fui muito curiosa com relação à religião. Eu sempre queria saber o que havia na Bíblia, mas minha mãe me dizia para não ler, porque quem lê a Bíblia fica louco.

Minha mãe falava que Deus criou o universo, e eu queria saber quem criou Deus. [...] Eu me lembro de que naquela época, nas escolas, havia aula de religião. Quem era católico ia para a sala do padre; quem era, sei lá, crente, ia para a do pastor. E eu, todo sábado, ia para uma sala diferente, porque queria saber o que havia de diferente em cada religião. Minha mãe nunca soube disso. Eu sempre procurei, li e fucei muito. Minha religião então é, na verdade, uma colcha de retalhos. Eu tenho várias restrições a uma porção de coisas. Não critico nenhuma religião, porque acho que cada um tem um caminho, e todos os caminhos levam ao mesmo lugar. Mas eu acredito que as pessoas fazem a sua religião. O importante é você acreditar que existe um ser superior, que vai reger a sua vida, mas que você também está na direção, e que depende muito de você.

Fabi
Eu não pratico nenhuma religião, mas acredito na filosofia do kardecismo. Minha família é kardecista – é do que estou mais próxima –, mas eu não pratico nem me considero kardecista. Tenho fé, creio em Deus e acredito em alguns conceitos dessa religião.

Patrícia
Eu tenho uma formação católica, mas hoje em dia já não acredito no catolicismo nem em nada. Já fui para todos os lados. Eu sempre converso muito, pergunto bastante para as pessoas, e é assim que levo essa questão. Acho legal o budismo, que tem muita coisa a ver. Até o judaísmo achei muito interessante, legal. Eu sou uma pessoa que gosta de conversar e de procurar, e cada uma das religiões tem alguma coisa que me serve. Agora, nas férias, comecei a ler a Bíblia. Estou achando muito engraçadas as coisas que vejo lá dentro. É isso. Eu não tenho uma religião formada. Ainda não.

Tina
Eu não tenho religião. Minha mãe foi muito católica e me passou esses valores. Eu tenho a minha personalidade; sou diferente da minha mãe.

Ela não fez faculdade, nem o ginásio; só fez o primário. É claro que a cabeça dela é bem diferente da minha. Não vou à igreja, não gosto de religião. Acho que é perda de tempo ficar adorando imagens de barro, e essas coisas assim. Para mim, acho uma ignorância total.

Figuras femininas da mídia

Em nossa cultura, existem algumas figuras públicas com as quais se pode fazer uma analogia na tentativa de reconhecer certos elementos das figuras míticas de Lilith e Eva. Nesse caso, foi necessário escolher algumas características que encontrassem ressonância nas personagens que estão em evidência na mídia e na televisão. Procurou-se não perder de vista os padrões coletivos tidos como positivos e negativos, confirmando assim os valores morais e sociais aceitos atualmente.

Para tal tarefa, escolhemos Tiazinha e Feiticeira como representantes de Lilith, pois elas transmitem a imagem de mulheres liberadas principalmente em relação ao sexo. Elas expõem o corpo e personificam as fantasias sexuais masculinas, fazendo parte do imaginário coletivo da mulher fatal, que não pertence a ninguém e seduz a todos.

Do outro lado está Sandy, que representa Eva – modelo social aceito do feminino. É a virgem que espera o homem certo para casar e obedece aos pais. Ela é passiva, comportada e não age por impulso, ou seja, faz tudo que é esperado e aceito socialmente.

Entre as entrevistadas solteiras, somente uma delas, Lúcia, rejeitou completamente os modelos Tiazinha e Feiticeira, apontando apenas seus pontos negativos. Porém, identificou-se com Sandy e chegou a afirmar que a teria como modelo, mas apenas em alguns pontos.

Realmente, Lúcia havia informado ter se precipitado em iniciar a vida sexual com o namorado, que se casou com outra mulher. Portanto, não cabe aí a presença da sensualidade e do sexo, representados por Tiazinha e Feiticeira, já que ela foi substituída e acabou "perdendo para outra mulher", como ela mesma afirma. Por esse motivo, foi melhor reprimir e afastar toda e qualquer possibilidade de cair nessa tentação, ou seja, de incorrer no mesmo erro.

Portanto, a experiência de Lúcia deixou-lhe uma marca: ao ser espontânea e seguir os próprios impulsos, obteve a rejeição, o fracasso e a perda. Isto é, foi punida por ser ela mesma, uma vez que outra acabou tomando o seu lugar. A saída que encontrou foi mudar totalmente de vida e seguir novos padrões de conduta, que descobriu na igreja evangélica. Ela está, dessa forma, reprimindo tudo que se relaciona com o prazer.

Tal fato demonstra a estreita ligação que existe entre moral, sexo e religião. Esses valores mudam em diferentes períodos, sob diferentes sistemas sociais e de acordo com a evolução histórica do país. Todo esse puritanismo religioso que considera o prazer e o desejo sexual como "ações do demônio" acaba por desviar do ser humano o que lhe é natural. Dessa forma, criam-se valores – como castidade, virgindade e renúncia ao mundo material e ao pecado sexual – que são aplicados à vida prática e real.

Essas idéias e esses conceitos religiosos levam os seres humanos a se separar de seu corpo e da vida real, ou seja, a viver uma experiência alienada da realidade. Essa cisão da vida humana em duas partes contraditórias existe até hoje, separando o bem do mal, criando noções contraditórias e rígidas.

Entre as outras três entrevistadas solteiras houve maior aceitação de Tiazinha e Feiticeira, mas elas também apontaram seus aspectos negativos. Sandy foi mais aceita como modelo a ser seguido, contudo as entrevistadas disseram que ela vive uma farsa ao tentar ser tão perfeita, tão "certinha", já que ninguém é assim na realidade.

Fabi
> Acho que tanto a parte sexual e sensual como a parte de ser purinha, o outro lado da moeda, não podem ser deixadas de lado. [...] É difícil encontrar essas duas numa figura só. A purinha não é o ideal, mas é um modelo importante. Acho que a força da Sandy teria que ser muito maior do que a da Tiazinha e da Feiticeira, mas acho que ela não precisava ser tão perfeitinha assim, porque isso não existe.

Podemos notar que Fabi está assinalando a importância da vivência de todas as possibilidades, e não a cisão entre o certo e o errado, o positivo e o negativo, que são percebidos e reforçados em nossa cultura. Portanto, não há negação ou repressão do sexo e da sensualidade, percebidos por ela como algo natural que não deve ser contido.

Segundo Qualls-Corbett (1990, p. 186-7):

> A mulher que aceita a sua feminilidade física e psicológica vive em harmonia com a prostituta sagrada[11] que vive dentro dela. Ela serve à deusa do amor, atendendo ao fogo sagrado de seus sentimentos internos. Trata-se do calor central de seu ser, e é preciso tomar cuidado para que ele não se incendeie ou se extinga. Só por meio do serviço prestado por livre escolha à deusa ela se liberta do jugo da servidão a muitos senhores, o que lhe dá a capacidade de sacrificar exigências do *ego* – a necessidade de dominar, de pos-

---

11 "A prostituta sagrada encarnava os atributos espirituais e eróticos do feminino divino: amor e alegria, prazer sensual, e também a dor e o sofrimento associados ao amor. A imagem da prostituta sagrada é a da paixão" (Qualls-Corbett, 1990, p. 189).

suir, de encontrar segurança na devoção de um homem. O *ego* então passa a admitir autoridade mais alta, o Si-mesmo.

As mulheres que têm consciência do seu verdadeiro ser feminino ouvem a sabedoria do coração; não permitem que essa sabedoria seja contaminada por normas ou ideais coletivos. Tal sabedoria (tanto em homens como em mulheres) reside no corpo e está relacionada com o princípio de *Eros*.

Assim, perceber os próprios instintos numa vivência sem culpas permite à mulher renascer da sombra, libertando Lilith do inferno imposto pelo "Deus Pai Todo-Poderoso." A partir daí, resgata o poder criativo que ela representa: o irracional, o diferente, o direito à oposição e ao prazer.

Esse é o caminho para o processo de individuação que constitui uma tarefa para a vida inteira. A pessoa se confrontará consigo mesma como realmente é, isto é, como eu consciente que corresponde à realidade exterior em que vive e à sua sombra. Essa seria sua complementação psicológica que tem realidade existente própria, pois a sombra, ao ser vivida, possibilita a elaboração da experiência como um todo, no dinamismo de alteridade.[12]

Na entrevista, somente três das casadas conseguiram perceber que Tiazinha/Feiticeira e Sandy são representações totalmente opostas, criadas e manipuladas pela mídia. Por esse motivo, não têm uma imagem condizente com a realidade, na medida em que essa cisão entre a prostituta e a virgem, o certo e o errado, é irreal – os dois modelos são partes do todo.

---

12 "O dinamismo de alteridade é um padrão que pode e necessita confrontar as polaridades em igualdade de condições: o matriarcal e o patriarcal, o interno e o externo, o eu e o inconsciente, o luminoso e o sombrio, o individual e o coletivo etc. O eu é capaz de perceber o todo que engloba o eu mais o outro diferente, com a contraparte" (Paiva, 1990, p. 229).

Valéria Fabrizi Pires

Rosana
Eu acho que [Sandy] não é um modelo, porque não é real; na verdade, a vida não é assim. A vida é muito dinâmica, e parece que essas pessoas ficam paradas. Elas têm de ficar sustentando aquela imagem, e o mundo está passando e coisas estão acontecendo, e a menina de 17 anos, não sei, que não beija na boca? Então, a gente vê que é uma coisa que não tem nada que ver com a realidade. E isso é péssimo para mim. Esses dois tipos são contos de fada. Não existem.

As outras entrevistadas casadas percebem essas mulheres sensuais como uma grande ameaça que deve ser minimizada, desprezada, negada ou rejeitada. Elas não conseguem trabalhar a própria sensualidade, usando de criatividade ou imaginação, e apontam de maneira até agressiva esse aspecto no outro.

Essas figuras femininas da mídia nos trazem certos aspectos que foram esquecidos ou menosprezados por nossa cultura, como a sensualidade e o jogo da sedução. Outro ponto importante é a valorização da auto-estima, que faz essas mulheres não terem medo de se expor, brincando com o imaginário masculino, ao usar suas fantasias. Isso demonstra a possibilidade de experienciar outros personagens, de viver outra realidade que não é permitida em certos contextos sociais.

Portanto, apontar somente as características negativas dessas personagens que povoam o imaginário coletivo torna mais fácil reprimir e negar certos aspectos que todas as mulheres possuem.

Carol
Para mim, são estereótipos de mulheres que usam o corpo e que não passam nada em termos de inteligência. Passam um corpo gostosão para vencer e ganhar dinheiro com isso. Para mim, não é nada; aquilo não é mulher. É como se fossem bonecas. Não têm significado nem valor. Aliás, me irritam até [risos] os tipos desempenhados pelas duas.

Sabemos que quando algo nos incomoda ou nos irrita é, na realidade, algo que pertence a nós mesmos, mas não está sendo vivenciado ou assumido como existente. Por esse motivo, projetamos no outro algo que acreditamos não possuir, mas que certamente está reprimido ao ser negado como nosso.

No entanto, a imagem que as mulheres criam sobre si mesmas não é fácil de ser dissipada, gerando assim uma contradição para o eu. Isso porque estão mantendo uma postura rígida e fixa. Dessa forma, a dificuldade de a mulher reconhecer sua sombra é muito grande, pois acaba dissolvendo sua auto-imagem.

Tal dificuldade de encarar-se como uma dualidade gera uma inquietação íntima, uma vez que vai contra sua natureza. A mulher se vê apenas como unidade, indo contra a realidade do mundo psíquico.

No processo de individuação, a pessoa confronta-se consigo mesma como realmente é, ou seja, como eu consciente que corresponde à realidade exterior em que vive o indivíduo e sua sombra correspondente. Esta é, porém, sua complementação psicológica que tem existência própria, correspondente à realidade interior do indivíduo.

Trata-se de uma tarefa para a vida inteira, como um processo de transmutação que, ao ser compreendido, possibilita à mulher uma segurança interna com seus próprios conteúdos psíquicos como a Sombra, o *animus*, a Grande Mãe e até o *self*[13], que não estarão mais projetados no meio externo.

---

13 "O arquétipo da totalidade e o centro regulador da psique; poder transpessoal que transcende o ego. Como todo arquétipo, a natureza essencial do *self* é incognoscível, mas suas manifestações são o conteúdo de mitos e lendas. Sua realização como fator psicoautônomo é, freqüentemente, estimulada pela erupção de conteúdos inconscientes, sobre os quais o ego não tem controle" (Sharp, 1997, p. 142-3).

Lúcia

Eu acho muito vulgar. A televisão brasileira está investindo em uma coisa que pode até ser lucrativa para a mídia, mas para a vida da gente não traz influência nenhuma; só influência negativa. Acho que não é daquela forma, não concordo com aquilo. Acho feio. Eu não quero isso na minha vida. Acho que elas [Tiazinha e Feiticeira] não têm nenhum tipo de influência boa. Já a Sandy é uma menina comandada pelos pais, mas que é bonita. Ela passa de alguma forma alguns modos que eu acho interessantes, mas que não devem ir ao pé da letra, como a questão da virgindade. Mas é uma coisa que acho legal, se for realmente isso o que ela pensa.

Ana Paula

Acho que eu não tenho nada contra. Elas estão fazendo o trabalho delas. Se são burras ou não, isso não vem ao caso. Acho que elas estão lá, fazendo fama, se dando bem... Eu quero que elas se dêem bem, pois o que fazem não me prejudica nem me afeta. Se eu tivesse um corpo assim e me chamassem, eu também iria. Não tenho preconceito. Eu gosto, acho legal. Quanto à Sandy, ela canta. Eu a acho super do bem, assim como a Feiticeira e a Tiazinha. Acho que a Sandy não tem nada a perder. Eu acho que ela quer passar a imagem de uma menina pura, sensível, o que faz os outros gostarem dela. Acho que ela se preocupa com isso. Ela tem uma família boa.

Fabi

Eu acho que a Tiazinha faz parte da cultura nacional. Acho que ela não é uma influência legal para as crianças, mas também não é um grande veneno. É algo cultural mesmo, que não é só no Brasil. Cada país também tem sua Tiazinha. Faz parte até de uma liberação sexual, até meio desenfreada, mas também a gente não pode ficar vivendo de tabu nem de hipocrisia, não é? Acho que não precisava exagerar tanto, mas acho que precisamos ter uma figura sensual também [...]. Se você for ver a mulher só desse lado, vai depreciar o feminino, com certeza; mas, ao mesmo tempo, acho que a parte sexual e sensual não pode ser deixada de lado. [...] A Sandy, por outro lado, é o oposto, não é? É a purinha, é o outro lado da moeda. É difícil encontrar essas duas numa figura só. A Sandy podia ser um pouquinho menos certinha. É um saco também ser tão certinha, mas também é absurdo ser tão vadiazinha. Eu acho que não existe aquela que é só vadia ou só santinha.

Rosana
Para mim, é mulher-objeto, preocupada sempre em ter um corpo maravilhoso. Elas são lindas, mas você percebe que é uma coisa fabricada para a televisão, para despertar o desejo masculino. Para mim, são pessoas extremamente infelizes, que têm de viver em função do corpo. Elas não se preocupam com o total, só com o físico. A parte intelectual deixa muito a desejar, mas eu acho que são figuras extremamente bonitas, dão prazer a quem olha – até as mulheres têm inveja porque aquela beleza toda incomoda, não é? Mas eu acho que são mulheres maravilhosas e lindas, porém nada inteligentes. A Sandy é o contrário. Para mim, ela é a mesma coisa, pois só valoriza o lado intelectual, familiar, e diz que tem de se preservar. Esses dois tipos são contos de fada. Não existem.

Patrícia
Eu acho um absurdo, e fico preocupada com a minha filha. Hoje em dia é assim, não só elas, é uma geração inteira. Eu acho que para toda essa juventude só o que importa é bunda e peito. As meninas estão se vestindo como prostitutas. Eu acho que são extremamente extravagantes, uma sexualidade exagerada, não é? Já a Sandy é bonitinha. Acho que é uma menina que dá o bom exemplo, uma pessoa comportada, que tem uma voz bonitinha. Eu não me importo, não me incomodo se minha filha gosta dela. Ela gosta das musiquinhas. Eu acho legalzinho.

Mariana
É uma coisa ridícula. Eu mudo de canal. Quando estão procurando algum canal e param naquilo, eu digo: "Gente, pelo amor de Deus, tirem daí; não dêem Ibope para isso". Acho que não tem nada que ver. É apelo para o corpo, só. Eu não acho interessante nada do que elas falam. Hoje em dia, até tenho visto isso entre os adolescentes. Eles acreditam, por exemplo,

que para ter sucesso profissional, ganhar dinheiro, não precisam estudar; é só ter um corpo bonito ou bem recauchutado. Da Sandy, eu digo que ela canta bem, que tem uma voz bonita, mas é toda trabalhada, não é? O pai já era cantor. Ela já veio desse meio e tem esse dom natural. Então, vai ser artista porque é bonitinha. Agora, fica essa exploração em torno da virgindade dela. Infelizmente, a mídia tem muito disso, não é? Deixa ela ser virgem ou não. É um problema que só diz respeito a ela.

Tina

Esse tipo de mulher passa. Elas têm uma cabeça vazia; não têm nada para oferecer. Ficam cultuando o corpo porque não têm intelecto. É óbvio que todo mundo gosta de estar elegante, de ter um corpo bonito, mas isso não é tudo. Tem de haver um equilíbrio na vida. Eu sinto pena delas. Não que eu seja superior. De forma alguma! Eu tenho muito para aprender na vida, mas eu acho que elas são coitadas. Assim como também tenho pena da Sandy, porque essa menina é um mito que foi criado. Quem sabe talvez ela quisesse fazer outra coisa na vida, mas ela foi colocada lá pelos pais para fazer aquilo. Uma menina, assim, virgem, pura, que quer encontrar um príncipe... É mais ou menos essa idéia. Isso eu acho até bonito.

Lilith e Eva

Iniciou-se a entrevista com uma pergunta sobre Eva, pois essa personagem bíblica é bem conhecida pelas pessoas. Realmente, todas as entrevistadas conheciam-na, mas suas reações foram bem diversas.

As que se identificaram com a personagem salientaram seus pontos positivos e acabaram por relacioná-los com sua vida.

Meire

Para variar, Eva é uma mulher... vamos dizer assim: uma mulher que de certa maneira está sempre ali por trás do homem, levando ele para o caminho, porque na verdade foi ela quem induziu o homem a comer a maçã, que significa o conhecimento.

No caso de Meire, que cuida das finanças e despesas da casa e indica ao marido onde ele deve aplicar o dinheiro, ficou clara a analogia que fez com relação à personagem Eva. Ela é uma mulher que está "por trás do homem" e o induz a agir da maneira que ela própria determinar.

Já na fala de Rosana, percebe-se Eva como uma heroína que, ao comer da maçã, rompeu com os tabus preestabelecidos. Ela mesma fez isso ao se separar de seu primeiro marido, uma relação que ela tinha como modelo exemplar de casamento, e foi tentar viver seu outro lado. Teve novos relacionamentos, não se preocupando em ser alvo de comentários alheios.

Rosana

Eu acho que Eva foi corajosa ao comer a maçã [risos]. Se formos pensar no figurativo da coisa, na verdade é como romper um tabu. Mas, para mim, Eva foi supercorajosa. Agora, quando você sai um pouquinho fora disso... Quando comecei a sair com as minhas amigas por aí nos bailes, minha mãe dizia: "O que você vai virar minha filha?" Então eu respondia: "Não vou virar nada mãe. A senhora não me conhece desde quando eu nasci, o meu caráter, o que eu sou? Eu sou a mesma pessoa. Só estou me divertindo".

Em uma visão mais romântica, Ana Paula faz o mesmo, pois no momento da entrevista estava noiva e apaixonada, mas sabia que a Igreja não permite relacionamento sexual antes do casamento. Sendo a família de seu noivo extremamente católica, ela é cobrada nesse sentido. Por isso tenta fazer uma analogia de si mesma com a personagem de Eva, como uma justificativa para seus atos.

Ana Paula

Eu acho que, apesar de todo mundo falar que ela era uma prostituta, que não serve para nada, acho que a Eva estava fazendo o papel dela. Eu acho que ela se apaixonou por um cara que achou legal e, de repente, ela come a maçã do amor e o descobre. E isso a Igreja não permite, o amor – o amor carnal.

Do outro lado, estão as entrevistadas que não desejam identificar-se com a personagem Eva. Só apontam seus aspectos negativos. Deixam bem claro que não se adequam a tais características, e, talvez por esse motivo, rechaçam-nas.

Hanna

Acho que se não fosse por ela o mundo seria diferente, mais social. Ela foi a errada da história. É o que dizem. O mundo seria diferente, mais humano. Eu acho que todo mundo é cobra, igual à serpente da maçã. Eu penso que muitas pessoas são assim. Não haveria maldade. Por causa da maldade, ela e a serpente fizeram tudo mudar.

Na comparação de Hanna (entre a serpente e as pessoas), é possível supor que ela esteja se referindo ao ex-namorado que a trocou por outra, depois de tudo que tinha feito ou deixado de fazer por ele. Sua relação com as mulheres é de total desconfiança, já que, segundo ela, será traída no final das contas.

Sua relação com o feminino em geral ocorre de forma negativa, havendo uma rejeição muito grande de sua parte com relação à mulher. Hanna usa o cabelo curto e, às vezes, boné. Suas roupas são largas e normalmente unissex, à semelhança de um rapaz. Seu modo de falar e de expressar-se lembra o de um cantor de rap. Com esse padrão de comportamento, parece querer chocar ou agredir as pessoas à sua volta. No entanto, acaba por agredir a si mesma, pois é rejeitada pelas colegas de classe. Na sala de aula, vive contando sobre suas saídas, o que fez no final de semana, que dançou a noite inteira. Em cada programa acaba ficando com um rapaz diferente, e faz questão de que todos saibam. Contudo, toda essa aparência liberal e descontraída esconde uma menina magoada e muito religiosa, com medo de um novo relacionamento.

Do outro lado está Lúcia – colega de classe de Hanna –, que afirma ter sido seduzida pelas tentações do mundo. Ao tornar-se evangélica, não se deixou mais influenciar pelas ações externas. Está seguindo as normas tidas como corretas por seu novo grupo religioso, não se permitindo mais certas "luxúrias". Na realidade, o que se esconde por trás de sua atitude é a decepção sofrida ao ser substituída por outra mulher. Ela e o namorado tinham um relacionamento e uma vida sexual normal, até ele terminar com ela para se casar com uma menor que estava grávida dele. Então, Lúcia passou a acreditar que tudo isso ocorreu com ela por ter tido relações sexuais antes do casamento.

Assim, Lúcia não pode se permitir viver conforme seus impulsos e desejos, reprimindo-os ou evitando qualquer situação tentadora, que desperte seu instinto sexual. Tudo isso se refletiu em sua fala sobre Eva, que teria sido induzida a cometer o pecado original, mas Lúcia nega qualquer influência dessa personagem sobre ela. Sua justificativa é que se trata de uma história bíblica e irreal. No entanto, em sua fala, a identificação é direta, projetando seu ponto de vista sobre as tentações ocorridas com Eva.

Lúcia
Acho que Eva foi induzida, digamos assim; que ela se deixou levar pelo lado material. Acho que hoje em dia é muito difícil a gente não se deixar levar. [...] Eu não quero me deixar ser influenciada por essa parte. Então, eu me aquieto mais no meu cantinho. Acho que ela não passa muita influência. Para minha vida, não. É uma história bíblica, mas...

Para Mariana, apesar de ser católica praticante, a pergunta sobre Eva pareceu absurda; por isso, ela não soube o que responder. Em sua tentativa de dizer alguma coisa, ocorreram algumas pausas que indicaram uma repressão dos sentimentos gerados pela pergunta. Mesmo assim, ficou sem saber o que falar e, de certo modo, visivelmente incomodada. Percebendo a intenção do questionamento, relacionado com suas respostas anteriores, não soube como sair da situação. Isso certamente não a agradou, pois a obrigou a encarar suas atitudes de submissão, passividade e obediência em relação ao marido, como já vimos anteriormente.

No final, tentou elaborar algo que a distanciasse de Eva, ao dizer que foi uma história inventada e, portanto, irreal. Tal fato distante não pode ser comparado com a sua história, não existindo qualquer elo entre ela e a personagem bíblica. Dessa maneira, evitou qualquer confronto com a vida que escolheu viver.

Mariana
> Nossa... Assim... Ter de responder e pensar o que eu acho da Eva... Que comeu a maçã e destruiu tudo [risos]. É algo criado para contar uma história... Não saberia agora, assim, te responder.

O mesmo repúdio por certa identificação com a figura de Eva ocorreu com Patrícia, que também é dependente do marido. Ainda não encontrou algo para si mesma, uma profissão, por exemplo. Assim, tem a mesma atitude ao distanciar-se de Eva, que é, para ela, uma personagem que nunca existiu. Por isso, não pôde fazer uma comparação de Eva consigo mesma. É como se fosse algo muito distante de sua vida, mas experienciado no dia-a-dia. Como, para ela, é algo perturbador, deve ser negado a fim de evitar um conflito interno.

Uma mudança em sua vida traria muita insegurança, assim como medo do desconhecido, do incerto. Para tal tarefa, seria necessário dispor-se a certo esforço para assumir uma nova maneira de ser e de ver o mundo. Estaria exposta e sofreria com outras experiências, como ela mesma afirma ao responder à pergunta feita sobre Lilith. Ou seja, viver esse outro lado representado pela figura mítica de Lilith é muito perigoso e, por isso mesmo, não pode se permitir tal vivência. Seria um grande risco para o contorno familiar que construiu para si. O casamento para a entrevistada tem um significado de segurança e controle de seus impulsos. Por esse motivo, não conseguiu falar sobre Lilith, mas sobre seu estado civil.

Patrícia

Não ia ter paciência. Sabe, a pessoa ficar dizendo: "Será que liga?", "Será que não liga?"... Acho que eu ia ter um treco. Então, eu gosto bastante do meu estado de casada, de ter uma família, de estar sempre junto. Isso tudo conta no casamento.

Com base em sua verbalização, ficou clara sua ansiedade diante da possibilidade de relacionar-se com outros homens, assim como até que ponto seu "estado de casada" resolve toda sua insegurança como mulher. Portanto, encarar Lilith seria enfrentar sua capacidade de ser uma fêmea instintiva, sensual, sedutora e fatal.

Por último, nas respostas sobre Lilith, houve certa concordância entre a maioria das entrevistadas, mas apenas uma delas (Meire) tinha, por meio da astrologia, o conhecimento dessa personagem. Suas respostas giraram em torno de a atitude de Lilith ter sido correta, já que a mulher não deve se submeter ao homem – ambos têm os mesmos direitos.

No entanto, Lúcia acredita que Lilith deveria ter voltado para Adão e tentado um acordo com ele, e não ter levado a vida que escolheu, acabando com sua imagem perante todos. Ou seja, Lúcia fala sobre como é arriscado e costuma ser condenado pelos outros uma mulher fazer as próprias escolhas, contrariando as regras sociais impostas. Por essa razão, ela mesma reprime seus desejos, pois manter uma "boa imagem" é o que conta. Afirmou também que a mulher deve se submeter ao homem em certas circunstâncias, não podendo optar por se relacionar com vários homens. O próprio meio social a condenaria e, por esse motivo, optou por se precaver contra as influências externas em sua atual postura – não sair para dançar, beber ou namorar.

Resumindo, Lúcia tem medo de não ser aceita pelos outros ou de ser punida se não viver segundo as regras impostas por seu meio social e religioso. A solução que encontrou foi reprimir seus impulsos e isolar-se, principalmente evitando situações que estimulem o ressurgimento de seus desejos interiores. Ou seja, Lilith deve manter-se na escuridão, que é o seu lugar, e viver conforme foi designado à mulher: como Eva.

Lúcia

> No caso de se submeter ao homem, eu acho que, de alguma forma, isso é bíblico mesmo. Deus fala que a gente tem de se submeter, mas não tanto. Acho que, para os dias atuais, a mulher tem os mesmos direitos que os homens – "direitos" entre aspas, pois não tem todos. A própria sociedade faz que a mulher veja a sua influência de alguma forma. Se a mulher troca muito de homem, de parceiro, ela não é vista como uma mulher digna; é vista como uma prostituta, uma galinha. Acho que Lilith devia ter voltado. Na minha opinião, devia ter conversado, tentado reatar a coisa em casa, e não ter saído. Acho que ter ido procurar outras coisas acabou denegrindo-a. De alguma forma, onde ela foi parar não é legal. Acho que a mulher hoje em dia tem de buscar os direitos dela, de saber até onde deve ir para que não ocorra esse tipo de coisa, para que ela se segure mesmo e tenha uma imagem boa. Acho que essa é a imagem que a mulher tem de ir buscar.

Na visão de duas entrevistadas – Rosana e Carol –, tanto Lilith como Eva são percebidas da mesma forma. Isso pode nos indicar que essas duas personagens são experienciadas de maneira mais equilibrada por essas duas mulheres. Se analisarmos melhor, as duas têm pontos em comum, pois encontramos em sua história a insubmissão, como também a articulação com a lei do Pai. Lilith quer ser igual a Adão; Eva não pensa na punição ao desejar a sabedoria proibida. Lilith desobedece à supremacia de Adão; Eva desobedece à proibição.

Carol
> Eu acho Lilith bárbara. É por aí mesmo. Acho que ela foi em busca do que queria. Sendo pecado ou não, ela foi exatamente atrás do que ela queria. Acho que tem de ser por aí. Se é pecado, se não é, você vai em busca daquilo que você quer. Eu acho que toda a repressão é criada desde essa época sobre a mulher. Ela jamais poderia ter desejos sexuais, jamais poderia impor na cama o que impôs. Eu acho que ela está certa em buscar o que ela queria. A gente busca realmente essa mudança.

Já no entender de Mariana, Lilith representa a mulher corajosa, que assume uma postura e vai até o fim. Embora admire essa atitude da personagem mítica, ela não consegue assumir atitude semelhante em sua vida. A mudança possibilita experimentar o novo, contudo gera a insegurança e o medo do desconhecido. Precisaria contar consigo mesma, mas, para isso, teria de abandonar a situação cômoda em que vive no casamento, mesmo fazendo somente aquilo que o marido permite.

Mariana
> Eu achei Lilith corajosa. É uma atitude que muitas vezes a gente gostaria de ter. Se disse que não volto, não volto. Se disse que não faço, não faço. E assumir as conseqüências desses atos. Mas, muitas vezes, na vida da gente, no dia-a-dia, isso é difícil. Outras coisas pesam. Então você nem

sempre tem coragem de tomar uma atitude radical, não é? Muitas vezes, numa briga com o marido, numa discussão, você pensa em tomar uma atitude, fazer valer alguma coisa, mas fica só no pensamento.

Uma percepção mais elaborada foi observada na resposta de Meire, pois ela sabe da importância de conhecer Lilith, que representa uma parte existente em todas as mulheres. Abafá-la ou vivê-la plenamente pode resultar numa possessão sem controle desse complexo.

Ao entrar em contato com a força representada por Lilith, a mulher adquire mais compreensão de si. Assim, pode direcionar melhor sua energia para vários aspectos da vida – sexual, familiar, profissional e social.

Meire

Lilith é uma parte da mulher um pouco exacerbada. Se você tiver controle sobre ela, você consegue ser uma mulher, sei lá, legal, inteligente. Mas a maioria das mulheres acaba, muitas vezes, deixando essa Lilith aflorar muito. Elas se entregam à luxúria, a tudo que, vamos dizer, tem essa parte sexual bem exacerbada. Eu acho que se as mulheres tivessem conhecimento da existência de Lilith, e a grande maioria não tem, talvez elas soubessem usar essa força que elas têm não só na área sexual, mas na área da educação da família, no próprio relacionamento afetivo.

Portanto, ao recuperar o mito de Lilith, a mulher vence a divisão entre o positivo e o negativo do feminino. Sua reavaliação traz à luz o amor feminino como um novo *Eros*[14], percebido como sensual

---

14 "Refere-se à função do relacionamento. Trata-se do anseio de unir, de unificar, de envolver-se com pessoas concretas e não com idéias ou coisas. Expressa-se como a força que atrai, como um impulso que procura não apenas a união com os outros, mas também com nossas próprias possibilidades, e inaugura uma tendência de ir além de nós mesmos" (Sharp, 1997, p. 60).

e pessoal, como envolvimento profundo e misterioso. A busca estará, então, voltada para essa parte alienada e desconhecida da feminilidade, que foi sempre vista como sombra.

Com Lilith surge o lado demoníaco de *Eros*, um princípio que não deseja ser subjugado ao controle patriarcal e, por isso mesmo, foi excluído e refutado do feminino, tornando-se negativo. Assim, o problema está na integração, que não deve ser entendida como uma inflação erótica ou como a assimilação de um aspecto somente destrutivo, mas como uma manobra de revivificação daquilo que se tem negado.

A harmonização consiste em o indivíduo saber conviver com os próprios demônios e encará-los, para evitar rupturas. Então, já que o demoníaco necessita de direção e orientação, nada melhor do que a consciência para integrá-lo e torná-lo pessoal, como uma meta a ser alcançada. Dessa forma, surge uma nova consciência com a integração do científico, do racional, do intuitivo, do pessoal e do emocional, numa nova orientação intelectual. Com base nessa nova dimensão, o indivíduo pode ser o que ele realmente é, por meio do chamado processo de individuação. Haverá uma ética própria, o bem e o mal serão energias manifestas que dependerão da motivação e da relação com a dinâmica da individuação.

Meire

Os olhos dela [Eva] foram abertos para o conhecimento. Ao longo da história, a mulher sempre foi muito relegada ao ostracismo – sempre a mãe, a do lar, tudo mais... Mas acho que agora a mulher está começando a se sobressair em várias coisas pela inteligência e tudo mais. Só há um problema: eu acho que essa repressão durante tantos anos está fazendo que ela saia de forma errada, como uma panela de pressão que de repente está explodindo. Não deveria ser assim. Eu acho que a mulher poderia mostrar o seu lugar, as suas qualidades e tudo mais. Por exemplo, uma mulher que foi muito reprimida pelos pais sexualmente, ao chegar a determinada idade em que for dona do próprio nariz, ela deixará essa Lilith aflorar totalmente. Então ela fica aquela mulher lasciva, sei lá... Eu acho que tem de haver um meio-termo realmente para a gente controlar.

Rosana

Eu acho que a mulher tem esse papel de romper coisas, tabus, imagens. Sempre se vê uma mulher em evidência, ou pela beleza, ou pela santidade, ou pela bondade, como nas madres. Dificilmente se vê um padre santificado. Há muito mais santas do que santos. Então, acho que a mulher tem muito mais essa função de romper as barreiras. O homem é um ser muito estagnado, na verdade.

Entrevistadora: O que você acha de Lilith?

Eu acho que até certo ponto Lilith estava correta. Contestar as coisas faz parte da mulher. Mas essa parte do plano espiritual [risos], de ela se vingar, já é outra história. Talvez não tenhamos dados suficientes para analisar esse ponto. Mas a mulher é assim mesmo. Todas as que rompem alguma coisa acabam tendo algum estereótipo, algum nome: "galinha", porque ela se solta; "fofoqueira", porque gosta de falar. Mas isso é da mulher; não tem jeito. É o que digo: é a mulher quem está sempre rompendo coisas. O homem está sempre ali, o santinho, o bonitinho. Tanto é assim que ele não tem nomes, não é? Ele é o homem. Ele é quem sabe. Eu acho que o conflito é exatamente esse, porque a gente também não sabe. Eu não quero ser igual, mas eu acho o seguinte: o poder de decisão é igual. Por que então não a profissão? Por que o salário não é igual? Tem de ser igual.

Vejamos o que algumas das entrevistadas pensam sobre o fato de a mulher ser muitas vezes obrigada a se submeter ao homem.

Carol

Eu acredito que um relacionamento é de igual para igual. Não existe submissão, nem de homem para mulher, nem de mulher para homem. Eu acho que existe parceria, uma troca, um entendimento. E, quando existe tudo isso, não existe o que fica por baixo, o que fica por cima. Eu não acredito em relacionamento em que um domina e o outro só se submete. Qualquer relacionamento desse estilo vai acabar.

Patrícia

A mulher foi feita da costela de Adão, o que é um absurdo. Depois, vem a serpente e diz a ela para comer o fruto da árvore proibida – eles não mencionaram maçã –, a fruta do bem e do mal. Disse também que ela teria todo o conhecimento e que Deus não queria que ela comesse aquilo porque, se comesse, seria igual a ele e teria todo o conhecimento. Então Eva come a fruta e a oferece a Adão. Daí, Deus fica bravo. Ele vem, se aproxima, fala, mas Adão e Eva se escondem, porque estão com vergonha de estarem nus. Então Adão diz: "Foi a mulher que você fez para mim que me deu o fruto proibido". Esse relato é uma coisa totalmente contra a mulher. Eu acho que isso foi escrito por certa conveniência. É alguma coisa contra a mulher, para reprimi-la. Ficou bem claro isso.

Lúcia

No caso de se submeter ao homem, eu acho que, de alguma forma, isso é bíblico mesmo. Deus fala que a gente tem de se submeter, mas não tanto. A própria sociedade faz que a mulher veja a sua influência de alguma forma. Se a mulher troca muito de homem, de parceiro, ela não é vista como uma mulher digna; é vista como uma prostituta, uma galinha. O homem, não. Ele se eleva, diz que é garanhão, que pega todas as meninas. Em relação à vida profissional, a gente vê isso. As mulheres deveriam ter os mesmos direitos, mas o salário já é mais baixo do que o do homem.

Ao conhecer a história de Lilith, Ana Paula deu a seguinte declaração:

Eu acho que ela só foi certa em não querer se submeter ao homem. Também acho que todo mundo é igual. Eu tenho de ter os mesmos direitos que os homens têm. Mas não achei certo ela cortar os laços com Deus, virar um demônio e devorar coisas. Querer ser igual ao homem eu aceito. Se eu fosse Lilith, também ia querer os mesmos direitos. Meu namoro não deu certo mais por causa disso também. Eu queria ter os mesmos direitos e sair à noite, assim como ele saía. Eu também queria sair com as minhas amigas. Ele dizia que não, que eu tinha de ficar em casa esperando ele chegar ou me ligar. Se eu fosse Lilith, também faria a mesma coisa. Eu não ficaria, mas sairia. Gostei da atitude dela. Só não gostei depois de ela se juntar com os demônios e devorar crianças. Aí, não... Mas de ela não querer ser subalterna, eu acho que ela estava certa.

Considerações finais

Os mitos ajudam o homem e a mulher a entender sua natureza, pois contêm todo o saber humano expresso de forma simbólica, tornando-se gradativamente conscientes conforme sua evolução. São vias de acesso, fantasias e crenças que muitas vezes estão fora da consciência, mas influenciam significativamente a vida do indivíduo.

No entanto, quando tais conteúdos permanecem inconscientes e não são levados em consideração, transformam-se em forças negativas, sombrias. É o que acontece no caso de Lilith, que representa o aspecto sombrio do feminino, ou seja, um lado reprimido da consciência. Isso é ilustrado pelo fato de apenas uma das entrevistadas conhecer, por meio da astrologia, essa personagem mítica.

Por outro lado, Eva é uma personagem do conhecimento de todas as entrevistadas e, apesar de se identificarem pouco com ela, a vida delas e certas atitudes suas correspondiam às de Eva.

Verificamos na pesquisa, por meio dos questionários, que uma parte significativa de afirmativas correspondeu às características de Lilith. Todavia, no decorrer das entrevistas, constatou-se que na verdade isso não ocorria, pois elas vivenciavam o oposto. Talvez isso tenha acontecido devido ao desejo inconsciente de viver o outro lado (o mais ousado) ou elas apenas tenham dado respostas "politicamente corretas" e avançadas, mas que não condiziam com a realidade.

Quando a história de Lilith foi contada, houve certa identificação da parte de três entrevistadas, que a perceberam como um aspecto pertencente ao feminino, mas que deve ser trabalhado. Ou seja, é preciso saber usar toda essa força que Lilith representa e canalizá-la para as várias áreas da vida – relacionamentos, trabalho, profissão, sexo e família.

Contudo, para a maior parte das entrevistadas, Lilith e Eva ainda são vividas como polaridades, divididas entre o lado sombrio e o luminoso. Algumas idéias religiosas, como a da mulher como sinônimo do mal, reforçam tal comportamento, pois foram adotadas como padrão a se seguir. Ao serem aceitas culturalmente e impostas às mulheres, essas idéias religiosas foram introjetadas por elas. Ao se perceber inferiorizadas, as mulheres desenvolveram uma auto-rejeição em conseqüência dessa identificação com a imagem de inferioridade, voltando-se contra si mesmas.

Entretanto, a mulher moderna também tem, por necessidade, saído da posição passiva e tentado ter uma consciência maior de seus vários aspectos, de acordo com seu dinamismo natural e oculto. Sua tarefa está em se reapropriar daquilo que lhe foi negado e impelido pela consciência patriarcal para dentro de uma zona escura e reprimida de sua psique. Porém, as poucas mulheres que chegam a vivenciar esse outro lado o fazem com dificuldade e acabam sendo rotuladas de "complicadas".

Então, como vimos nas declarações da maioria das entrevistadas, é mais fácil viver conforme os valores convencionais para serem aceitas pela sociedade. No entanto, o conflito interno permanece, pois o que ficou reservado às mulheres – como os deveres do lar e da maternidade – não se sustenta na vida moderna. A cura pode estar na vivência desses valores que foram reprimidos no inconsciente (instintividade, emotividade, sentimentos) e que poderão ressurgir violentamente no indivíduo. Dessa maneira, são derrubadas as amarras do seguro e do familiar, construídos pelo costume e pelo convencional. Porém, toda essa erupção pode ser uma experiência destrutiva, levando o indivíduo à dissolução moral ou mental em vez de à renovação.

Somente a individualidade – que abrange o ego e o inconsciente – pode conter essa inundação das forças reprimidas no inconsciente, uma vez que ela contém os limites de sua natureza. Essa é a grande tarefa do processo de individuação, que consiste em experimentar o lado escuro e destrutivo, em aceitar a tristeza e a alegria, a dor e o prazer, a ira e a graça de Deus, unidos em seus opostos, de modo simbólico, harmonizando a existência do homem e da mulher.

Portanto, nesse processo de desenvolvimento, o ego configura-se como um centro diferenciado. Este transforma o potencial universal impessoal contido no *self* e os padrões arquetípicos que se manifestam nos símbolos em auto-experiência. Então, os sentimentos vão sendo integrados, construindo uma nova identidade individual, atual e egóica.

Lilith e Eva são, assim, partes de um todo. Ao serem vivenciadas como uma unidade, transformam a mulher num ser feminino em que se integram sombra e luz. Por meio dessa experiência, as mulheres aprendem a conhecer suas profundezas e seus limites.

CONCLUSÃO

Se observarmos a realidade feminina, ainda existe um sentimento de inferioridade nas mulheres, imposto por séculos de desvalorização proveniente dos padrões patriarcais. Isso resultou, entre outras coisas, no fato de as mulheres não terem consciência dos poderosos efeitos que os estereótipos culturais exercem sobre elas. Podem, também, não ter consciência das poderosas forças que atuam em seu íntimo. Assim, acabam por aceitar essas idéias e compactuar com elas, mesmo afirmando o contrário. Podemos observar tal atitude nas respostas da maioria das entrevistadas, que, ao não se identificarem verbalmente com a figura mítica de Eva, deixam-se trair por referências feitas a atitudes que se enquadram em velhos contornos sociais.

Ou seja, a mulher ainda vive sob o dinamismo patriarcal, que trabalha com polaridades fixas, como: homem/mulher, saúde/doença, certo/errado, bem/mal. Essa dinâmica gera um conflito permanente para a mulher, entre crescer e regredir, pois é mais fácil para ela identificar-se com as leis sociais, os padrões já estabelecidos que não geram conflito.

Entretanto, dentro dos limites do código convencional, a vida tornou-se tão mecânica e estéril que gerou, nas mulheres, uma rebeldia contra as restrições e exigências que lhes foram impostas. Assim, deixaram o instinto emergir novamente, ameaçando todos os valores convencionais que controlavam sua vida. Todavia, existe o perigo de a mulher ser tomada por manifestações demoníacas do instinto e ser controlada pela força feminina escura, representada por Lilith.

Segundo Engelhard (1997, p. 28),

> quando pensamos em amor, erotismo, sexualidade, obscenidade, pornografia, logo nos vem à mente a versão atual e mundialmente famosa de Madonna, a Lilith moderna, que atualiza na consciência coletiva a expressão deste aspecto terrível do feminino – a força sombria do feminino em sua liberdade de escolha.

Tais mulheres conquistam os homens não por amá-los, e sim pela ânsia de obter poder sobre eles. Não podem amar, mas somente desejar, possibilitando assim que o instinto demoníaco viva por meio delas. São como as figuras mitológicas da sereia e da ninfa, que são auto-eróticas e destroem os homens.

Contudo, o instinto feminino não é necessariamente destrutivo. É uma força de grande valor, uma energia que pode ser usada tanto para o bem quanto para o mal. Tal força gera medo nas mulheres, como seres instintivos e detentores de uma autonomia pessoal que parece ser arquetípica. No entanto, essa força foi entendida pela visão patriarcal como inferioridade e subordinação das mulheres, como sua natureza.

Com Lilith surge o lado demoníaco, um princípio que não deseja ser subjugado ao controle patriarcal. Por esse motivo foi excluído e refutado do feminino, tornando-se sombrio e negativo. A redenção e o resgate dessa força expressa em Lilith ocorrerão quando ela for reconhecida com o devido cuidado e atenção, sendo ouvida e atendida sempre que houver espaço para questionar e expressar.

A mulher instintiva é a mulher arquetípica, a matriz de todas elas, independente da época e da cultura. Mesmo quando seus símbolos mudam, sua essência permanece a mesma. Então, cabe à mulher efetuar a caminhada para sair da escuridão do inconsciente rumo à claridade consciente, em que os próprios valores femininos são reconhecidos e vividos.

Na perspectiva de Qualls-Corbett (1990, p. 81),

> a mulher que conhece a deusa da lua torna-se consciente de suas próprias fases lunares. Ela reconhece e admite sua natureza lunar. Há períodos em que ela se reconhece reluzente, luminosa, que são períodos que abrigam novo crescimento. Na fase sombria, ela se torna consciente do seu lado obscuro e agourento, seu lado de bruxa, e é capaz de descarregar essa poderosa energia de maneiras não destrutivas.

As mulheres precisam se tornar heroínas aptas a fazer escolhas em vez de serem passivas ou vítimas – mártires ou joguetes movidos por outras pessoas ou pelas circunstâncias.

Tanto no mito como na vida, quando a heroína está num dilema, tudo que pode fazer é ser ela mesma, fiel e leal a seus princípios, até que alguma coisa inesperada venha em sua ajuda.

A jornada da individuação – a busca psicológica da integridade – termina na união dos opostos, no acasalamento interior dos aspectos "masculino" e "feminino" da personalidade, que podem ser simbolizados pela imagem oriental do *yin* e *yang*, contidos no círculo do Tao.

Na psicologia analítica, podemos dizer que todo ser humano procura seu *self* original, unitário ou inteiro, pois ele se redime quando se soma ao *self*.

Já segundo o pressuposto dualista de que existem forças opostas, em luta entre si, o indivíduo busca a relação e a harmonia entre ambas. Esse seria o dinamismo de alteridade, um padrão que pode e necessita confrontar os pólos em igualdade de condições.

Jung postula não a busca de igualdade, mas a coexistência de diferenças. Portanto, homens e mulheres devem procurar uma relação harmônica, respeitando suas diferenças, e não tentar se igualar. Seria cometer o mesmo erro anterior, pois nem o sistema patriarcal nem o matriarcal devem dominar, mas se unir.

Finalmente, o equilíbrio está em a mulher não viver de maneira polarizada e rígida – Lilith ou Eva. Sua jornada deve ser vivida de modo que ela possa transitar entre os aspectos positivos e negativos do feminino e, dessa maneira, tornar-se um ser inteiro e único.

BIBLIOGRAFIA

A Bíblia. Tradução Ecumênica. São Paulo: Loyola/Paulinas, 1996.
Araújo, Rosa T. Bonini de. *A mulher no século XXI: o resgate da Lilith*. 2. ed. São Paulo: Aquariana, 1989.
Assagioli, Roberto; Servan-Schreiber, Claude. "Uma visão mais abrangente do problema homem–mulher". In: Nicholson, Shirley (org.). *O novo despertar da deusa: o princípio feminino hoje*. Trad. Fábio Fernandes. Rio de Janeiro: Rocco, 1993 (Col. Arco do Tempo).
Barros, Maria Nazareth Alvim de. *As deusas, as bruxas e a Igreja: séculos de perseguição*. Rio de Janeiro: Rosa dos Tempos, 2001.
Barthes, Roland. *Mitologias*. Trad. José Augusto Seabra. Lisboa: Edições 70, 1997. v. 2 (Col. Signos).
Blavatsky, Helena P. *Glossário teosófico*. Trad. Silvia Sarzana. 2. ed. São Paulo: Ground, 1991.
Bly, Robert. "A comprida sacola que arrastamos atrás de nós". In: Zweig, Connie; Abrans, Jeremiah (orgs.). *Ao encontro da sombra: o potencial oculto do lado escuro da natureza humana*. Trad. Merle Scoss. 9. ed. São Paulo: Pensamento/Cultrix, 2000.
Bolen, Jean Shinoda. *As deusas e a mulher: nova psicologia das mulheres*. Trad. Maria Lydia Remédio. 4. ed. São Paulo: Paulus, 1990 (Col. Amor e Psique).
Brandão, Junito de Souza. *Mitologia grega*. 2. ed. Petrópolis: Vozes, 1986. v. I.
_____. *Mitologia grega*. Petrópolis: Vozes, 1987a. v. II.
_____. *Mitologia grega*. Petrópolis: Vozes, 1987b. v. III.
Branden, Nathaniel. "Retomando o eu reprimido". In: Zweig, Connie; Abrams, Jeremiah (orgs.). *Ao encontro da sombra: o potencial oculto do lado escuro da natureza humana*. Trad. Merle Scoss. 9. ed. São Paulo: Pensamento/Cultrix, 2000.
Brutau, Beatrice. "A deusa desconhecida". In: Nicholson, Shirley (org.). *O novo despertar da Deusa: o princípio feminino hoje*. Trad. Fábio Fernandes. Rio de Janeiro: Rocco, 1993 (Col. Arco do Tempo).
Cabral, Álvaro; Nick, Eva. *Dicionário técnico de psicologia*. 2. ed. São Paulo: Pensamento/Cultrix, s/d.

CAMPBELL, Joseph. *As máscaras de Deus*. Trad. Carmen Fischer. 4. ed. São Paulo: Palas Athena, 1992. v. I.

_____. *As transformações do mito através do tempo*. Trad. Heloysa de Lima Dantas. 10. ed. São Paulo: Pensamento/Cultrix, 1997a.

_____. *O herói de mil faces*. Trad. Adail U. Sobral. 10. ed. São Paulo: Pensamento/Cultix, 1997b.

_____. *O vôo do pássaro selvagem: ensaios sobre a universalidade dos mitos*. Trad. Ruy Jungman. Rio de Janeiro: Rosa dos Tempos, 1997c.

_____. "Temas mitológicos na arte e na literatura criativa". In: CAMPBELL, Joseph (org.). *Mitos, sonhos e religião: nas artes, na filosofia e na vida contemporânea*. Trad. Angela L. de Andrade e Bali L. de Andrade. Rio de Janeiro: Ediouro, 2001.

_____. *Para viver os mitos*. Trad. Anita Moraes. 9. ed. São Paulo: Pensamento/Cultrix, 2000.

CAMPBELL, Joseph; MOYERS, Bill. *O poder do mito*. Trad. Carlos Felipe Moisés. São Paulo: Palas Athena, 1990.

CARACUCHANSKY, Sophia Rozzana. *Vínculos e mitos: uma introdução à mitanálise*. São Paulo: Ágora, 1988.

CERMINARA, Gina. "Complexos de superioridade baseados no sexo: uma nova perspectiva". In: NICHOLSON, Shirley (org.). *O novo despertar da deusa: o princípio feminino*. Trad. Fábio Fernandes. Rio de Janeiro: Rocco, 1993 (Col. Arco do Tempo).

CHAUI, Marilena. *Repressão sexual: essa nossa (des)conhecida*. 5. ed. São Paulo: Brasiliense, 1984.

CHEVALIER, Jean; GHEERBRANT, Alain. *Dicionário de símbolos: mitos, sonhos, costumes, gestos, formas, figuras, cores, números*. Trad. Vera da Costa e Silva. 3. ed. Rio de Janeiro: José Olympio, 1990.

CIRLOT, Juan Eduardo. *Dicionário de símbolos*. Trad. Rubens E. F. Frias. São Paulo: Moraes, 1984.

COLONNA, Florença M. T. "Lilith, ou Lua Negra". *Journal of Analytical Psychology*, v. 25, n. 4, out, 1980, p. 325-49.

D'EUBONNE, Françoise. *As mulheres antes do patriarcado*. Trad. Manuel Campios e Alexandre de Freitas. Lisboa: Veja, 1997. v. 37 (Col. Veja Universidade).

DIAMOND, Stephen A. "A remissão dos nossos diabos e demônios". In: ZWEIG, Connie; ABRAMS, Jeremiah (orgs.). *Ao encontro da sombra: o potencial oculto do lado escuro da natureza humana*. Trad. Merle Scoss. 9. ed. São Paulo: Pensamento/Cultrix, 2000.

EISLER, Riane. *Reivindicando nossa herança da deusa: o princípio feminino em nosso passado e futuro*. Trad. Fábio Fernandes. Rio de Janeiro: Rocco, 1993 (Col. Arco do Tempo).

EDINGER, Edward F. *A criação da consciência: o mito e Jung para o homem moderno*. Trad. Vera Ribeiro. 3. ed. São Paulo: Pensamento/Cultrix, 1993 (Col. Estudos de Psicologia Junguiana).

_____. *Ego e arquétipo: individuação e função religiosa da psique*. Trad. Adail U. Sobral. 10. ed. São Paulo: Cultrix, 1995.

ELIADE, Mircea. *Aspectos do mito*. Trad. Manuela Torres. Lisboa: Edições 70, 1986. v. 19 (Col. Perspectivas do Homem).

_____. *Mito do eterno retorno: cosmo e história*. Trad. José A. Ceschin. São Paulo: Mercuryo, 1992.

_____. *Mito e realidade*. Trad. Pola Civelli. 5. ed. São Paulo: Perspectiva, 1998. v. 52 (Col. Debates).

_____. *Mitos, sonhos e mistérios*. Trad. Samuel Soares. Lisboa: Edições 70, 1989. v. 32 (Col. Perspectivas do Homem).

_____. *Tratado de história das religiões*. Trad. Fernando Tomas e Natália Nunes. 2. ed. São Paulo: Martins Fontes, 1998 (Col. Ensino Superior).

ELIADE, Mircea; COULIANO, Iona P. *Dicionário das religiões*. Trad. Ivone C. Benedetti. São Paulo, Martins Fontes, 1995.

ENGELHARD, Suely. "O renascer de Lilith." *Revista da Sociedade de Psicologia Analítica*, n. 15, São Paulo, 1997, p. 28-41.

ENGELS, Friedrich. *A origem da família, da propriedade privada e do estado*. Trad. Leandro Konder. 14. ed. Rio de Janeiro: Bertrand Brasil, 1997.

ENGELSMAN, Joan Chamberlain. "Resgatando o princípio feminino hoje". In: NICHOLSON, Shirley (org.). *O novo despertar da deusa: o princípio feminino*. Trad. Fábio Fernandes. Rio de Janeiro: Rocco, 1993 (Col. Arco do Tempo).

GRANDE DICIONÁRIO LAROUSSE CULTURAL DA LÍNGUA PORTUGUESA. São Paulo: Nova Cultural, 1999.

GUGGENBÜHL-CRAIG, Adolf. "O lado demoníaco da sexualidade". In: ZWEIG, Connie; ABRAMS, Jeremiah (orgs.). *Ao encontro da sombra: o potencial oculto do lado escuro da natureza humana*. Trad. Merle Scoss. 9. ed. São Paulo: Pensamento/Cultrix, 2000.

HARDING, Mary Esther. *Os mistérios da mulher antiga e contemporânea: uma interpretação psicológica do princípio feminino, tal como é retratado nos mitos, na história e nos sonhos*. Trad. Maria E. S. Barbosa e Vilma H. Tanaka. São Paulo: Paulinas, 1985 (Col. Amor e Psique).

HILLMAN, James. "A cura da sombra". In: ZWEIG, Connie; ABRAMS, Jeremiah (orgs.). *Ao encontro da sombra: o potencial oculto do lado escuro da natureza humana*. Trad. Merle Scoss. 9. ed. São Paulo: Pensamento/Cultrix, 2000.

_____. *O mito da análise: três ensaios de psicologia arquetípica*. Trad. Norma Telles. Rio de Janeiro: Paz e Terra, 1984. v. 1 (Col. Amor e Psique).

HILNNELLS, John R. *Dicionário das religiões*. Trad. Octavio M. Cajado. 10. ed. São Paulo: Pensamento/Cultrix, 1991.

JAMES, William. *As variedades da experiência religiosa: um estudo sobre a natureza humana*. São Paulo: Pensamento/Cultrix, 1995.

JOHNSON, Robert A. *Magia interior: como dominar o lado sombrio da psique*. Trad. Júlia Bárány. São Paulo: Mercuryo, 1996.
JUNG, Carl Gustav. *O homem e seus símbolos*. Trad. Maria Lúcia Pinho. 5. ed. Rio de Janeiro: Nova Fronteira, s/d.
_____. "O problema do mal no nosso tempo". In: ZWEIG, Connie; ABRAMS, Jeremiah (orgs.). *Ao encontro da sombra: o potencial oculto do lado escuro da natureza humana*. Trad. Merle Scoss. 9. ed. São Paulo: Pensamento/Cultrix, 2000.
_____. *Psicologia e religião*. Trad. Pe. Dom Mateus Ramalho Rocha. 3. ed. Petrópolis: Vozes, 1987.
KOLTUV, Barbara Black. *O livro de Lilith*. Trad. Rubens Rusche. 9. ed. São Paulo: Pensamento/Cultrix, 1997.
MILLER, William A. "O encontro da sombra na vida cotidiana". In: ZWEIG, Connie; ABRAMS, Jeremiah (orgs.). *Ao encontro da sombra: o potencial oculto do lado escuro da natureza humana*. Trad. Merle Scoss. 9. ed. São Paulo: Pensamento/Cultrix, 2000.
MONTEIRO, Dulcinéia da Mata Ribeiro. *Mulher: feminino plural*. Rio de Janeiro: Rosa dos Tempos, 1998.
MURARO, Rose Marie. *Sexualidade da mulher brasileira: corpo e classe social no Brasil*. 5. ed. Rio de Janeiro: Rosa dos Tempos, 1996.
_____. *Textos da fogueira*. Brasília: Letraviva, 2000.
NEUMANN, Erich. *A Grande Mãe: um estudo fenomenológico da constituição feminina do inconsciente*. Trad. Fernando P. de Mattos e Maria S. M. Netto. 9. ed. São Paulo: Pensamento/Cultrix, 1999.
_____. *História e origem da consciência*. Trad. Margit Martincic. 10. ed. São Paulo: Pensamento/Cultrix, 1995.
NOVICK, Léah (rabina). "Encontrando a Shechinah, a Deusa judaica". In: NICHOLSON, Shirley (org.). *O novo despertar da deusa: o princípio feminino*. Trad. Fábio Fernandes. Rio de Janeiro: Rocco, 1993 (Col. Arco do Tempo).
PAGELS, Elaine. *Adão, Eva e a serpente*. Trad. Talita M. Rodrigues. Rio de Janeiro: Rocco, 1992.
PAIVA, Vera. *Evas, Marias, Liliths... as voltas do feminino*. São Paulo: Brasiliense, 1990.
PARIS, Ginette. *Meditações pagãs: os mundos de Afrodite, Ártemis e Héstia*. Trad. Sonia M. C. Labate. Petrópolis: Vozes, 1994 (Col. Psicologia Analítica).
QUALLS-CORBETT, Nancy. *A prostituta sagrada: a face eterna do feminino*. Trad. Isa F. L. Ferreira. 2. ed. São Paulo: Paulus, 1990 (Col. Amor e Psique).
QUIVY, Raymond; CAPENHOUDT, Luc Van. *Manual de investigação em ciências sociais*. Trad. João M. Marques et al. Lisboa: Gradiva, 1998. v. 17 (Col. Trajectos).
RUDHYAR, Dane. "Para uma relação de companheirismo entre o homem e a mulher". In: NICHOLSON, Shirley (org.). *O novo despertar da deusa: o princípio feminino*. Trad. Fábio Fernandes. Rio de Janeiro: Rocco, 1993 (Col. Arco do Tempo).

SAADAWI, Nawal el. *A face oculta de Eva*. Trad. Sarah G. Rubin *et al*. São Paulo: Global, 1982.
SEVELY, Josephine Lowndes. *Segredos de Eva: uma nova teoria da sexualidade feminina*. Trad. Cacilda R. Ferrante. São Paulo: Best Seller, s/d.
SEVERINO, Joaquim Antonio. *Metodologia do trabalho científico: diretrizes para o trabalho didático-científico na universidade*. 11. ed. São Paulo: Cortez, 1984.
SHARP, Daryl. *Léxico junguiano: um manual de termos e conceitos*. Trad. Raul Milanez. 10. ed. São Paulo: Pensamento/Cultrix, 1997.
SICUTERI, Roberto. *Lilith: a Lua Negra*. Trad. Norma Telles e J. Adolpho S. Gordo. 5. ed. Rio de Janeiro: Paz e Terra, 1990.
SINGER, June. "A tristeza da mulher bem-sucedida". In: NICHOLSON, Shirley (org.). *O novo despertar da deusa: o princípio feminino*. Trad. Fábio Fernandes. Rio de Janeiro: Rocco, 1993 (Col. Arco do Tempo).
SOLIÉ, Pierre. *Mitanálise junguiana*. Trad. Fanny Ligeti. São Paulo: Nobel, 1985.
STEINDL-RAST, irmão David. "A sombra no cristianismo". In: ZWEIG, Connie; ABRAMS, Jeremiah (orgs.). *Ao encontro da sombra: o potencial oculto do lado escuro da natureza humana*. Trad. Merle Scoss. 9. ed. São Paulo: Pensamento/Cultrix, 2000.
STONE, Hal; WINKELMAN, Sidra. "Diálogo com o eu demoníaco". In: ZWEIG, Connie; ABRAMS, Jeremiah (orgs.). *Ao encontro da sombra: o potencial oculto do lado escuro da natureza humana*. Trad. Merle Scoss. 9. ed. São Paulo: Pensamento/Cultrix, 2000.
WILBER, Ken. "Assumindo responsabilidade pela própria sombra". In: ZWEIG, Connie; ABRAMS, Jeremiah (orgs.). *Ao encontro da sombra: o potencial oculto do lado escuro da natureza humana*. Trad. Merle Scoss. 9. ed. São Paulo: Pensamento/Cultrix, 2000.
WHITMON, Edward. *A busca do símbolo: conceitos básicos de psicologia analítica*. Trad. Eliane F. Pereira e Kátia M. Orberg. 10 ed. São Paulo: Cultrix, 1995.
_____. "A evolução da sombra". In: ZWEIG, Connie; ABRAMS, Jeremiah (orgs.). *Ao encontro da sombra: o potencial oculto do lado escuro da natureza humana*. Trad. Merle Scoss. 9. ed. São Paulo: Pensamento/Cultrix, 2000.
_____. *O retorno da deusa*. Trad. Maria S. Mourão Netto. São Paulo: Summus, 1991.
WOLFF, Toni. *Sobre o processo de individuação na mulher*. Adaptação para estudos críticos. Apostila – Centro de Integração e Desenvolvimento (CID). Daimon, 1959.
WOOLGER, Jennifer Barker; WOOLGER, Roger J. *A deusa interior: um guia sobre os eternos mitos femininos que moldam nossas vidas*. São Paulo: Cultrix, 1992.

www.gruposummus.com.br